读懂
供应链金融

张钟允◎著

中国人民大学出版社
·北京·

图书在版编目（CIP）数据

读懂供应链金融/张钟允著．—北京：中国人民
大学出版社，2019.7
ISBN 978-7-300-26980-1

Ⅰ.①读… Ⅱ.①张… Ⅲ.①供应链管理—金融业务
Ⅳ.①F252.2

中国版本图书馆 CIP 数据核字（2019）第 090416 号

读懂供应链金融

张钟允　著

Dudong Gongyinglian Jinrong

出版发行	中国人民大学出版社	
社　　址	北京中关村大街 31 号	**邮政编码**　100080
电　　话	010 - 62511242（总编室）	010 - 62511770（质管部）
	010 - 82501766（邮购部）	010 - 62514148（门市部）
	010 - 62515195（发行公司）	010 - 62515275（盗版举报）
网　　址	http://www.crup.com.cn	
经　　销	新华书店	
印　　刷	德富泰（唐山）印务有限公司	
开　　本	890 mm×1240 mm　1/32	**版　　次**　2019 年 7 月第 1 版
印　　张	10.5 插页 2	**印　　次**　2024 年 11 月第 5 次印刷
字　　数	214 000	**定　　价**　69.00 元

谨以此书，向我的恩师宋华教授致以深深的敬意

推荐一

供应链金融是一种带有模式创新的金融服务，是一种真正渗透到产业运行中的金融服务模式，其基础在于现代产业供应链协作体系的构建。供应链实际上可以从商业模式的角度去看，因为没有商业模式就没有盈利模式，更谈不上金融。商业模式最主要的方面就是企业怎么去定位自己的价值，以及企业怎样去实现自己的价值。与此同时，企业如何更广义地整合丰富的资源来服务客户也很重要。企业要把这些资源转换成各种能力、互动及模式，模式的不断变化决定了企业的效益和效率，从而决定了企业的盈利。因此，可以从商业模式的角度来看待今天的供应链，以及在此基础上的供应链金融。

传统的金融贷款，是基于借款方的经营状况及财务状况提供金融服务；供应链金融则是立足于所有的金融状况，不仅要看焦点企业，还要看焦点企业上下游的竞争力、核心业务和经营情况，从而提供整体性的金融解决方案。供应链金融脱离不了供应链管理，供应链管理最主要的是商流、物流、信息流和资金流，这几个流不能高度汇集就不能延伸出金融性业务。

今天的供应链金融是一个生态体系，包括了宏观生态和产业生态。前者比如经济环境、制度环境；后者包括了供应链中的交易方、平台提供方、风险管理方以及流动性提供方共同构建的关系网络。另外，在大生态中还存在微观生态，由采购、交易、分销、零售等具体环节构成。现今的供应链协作网络已经出现了混业经营的态势，因此哪类企业都有可能成为供应链金融的提供者和服务者，并且不同领域当中运营供应链金融的作用也不一样。

在生产领域，生产性服务企业存在业务流程导向、技术应用导向以及将两者整合的导向，这个路径延伸到供应链金融，也构成了流程化、定向化和整合化的产业金融服务。在物流领域，主要从两个维度去看待业务模式：一是服务基础是物质资产还是知识经验；二是服务区间是区域性还是广域性。物质资产型的物流企业需要向知识经验型变革，知识经验型的物流企业则要拓展自己的业务网络，而金融业务也根据物流业务变革存在不同的形态，并在这些业务变革中起着重要作用。在贸易流通领域，企业变革需要着眼于全球化运作、商务协同能力、终端分销能力以及综合性产业幅度，在此基础上形成了市场导向的、物流导向的，以及一体化的供应链金融运作模式。

商业银行等金融机构作为供应链金融的重要参与者，要参与到供应链协作体系之中，可从两个视角着眼：一是异产业渗透和跨产业的数据平台建设；二是运用自身的全球网络把握国际贸易。通过这两个维度打通商业银行与产业供应链之间的通路，就构成了具有高度融合性的供应链金融服务的基础。

当下，供应链金融已成为企业变革发展的重要趋势，并得到诸多领域的认同和关注。钟允作为我的学生，在总结我门下团队诸多研究成果的基础之上，试图通过此书将供应链金融理论以通俗幽默的语言表现出来，并收集了大量案例诠释各领域中供应链金融的创新实践，使更多不了解供应链金融的人去了解该领域的基本逻辑，这种做法得到了我的支持和鼓励。供应链金融作为一门新兴领域和前沿学科，应当让更多缺乏专业背景的人去了解，因此欣然作序。

中国人民大学商学院教授

推荐二

中国的供应链金融发展源起于 20 世纪 90 年代末期银行业的实践，而供应链金融引起学术界的重视是以 2009 年深圳发展银行和中欧国际工商学院联合编著的《供应链金融：新经济下的新金融》问世为标志，这是国内首部从商业银行视角研究供应链金融的学术专著。2015 年中国人民大学商学院宋华教授所著的《供应链金融》出版发行，这部专著通过对生产与运营、贸易与流通、物流、商业银行、电子商务等领域供应链金融发展状况的深入调研，对供应链金融的理论体系和研究成果进行了系统的梳理和论述。

2017 年，国务院办公厅颁布了《关于积极推进供应链创新与应用的指导意见》（国办发〔2017〕84 号），在文件中明确了供应链创新的六大重点任务，其中之一就是积极稳妥发展供应链金融，这是官方首次将供应链提升到国家战略，也是为供应链金融业态正名。2019 年，深圳、浙江等多个省市都基于国办 84 号文

发布了关于推进供应链金融发展的地方性指导意见。万联网从
2013 年开始关注供应链金融领域，一步步见证了国内供应链金融
发展的历程。

供应链金融作为将供应链商流、物流、信息流与资金流紧密
结合的一种产融创新模式，不仅仅是融资借贷，其宗旨在于优化
整个产业的现金流，让供应链上各方都能以较低资金成本实现较
高的经营绩效，最终提高整个供应链的竞争力。而随着 iABCD
（物联网、人工智能、区块链、云计算、大数据分析）等技术的
应用，传统供应链金融的商业模式和风控逻辑也正在发生着深刻
的改变。

供应链金融涉及供应链运营、金融、科技、法律、财税等方
方面面的专业知识，是多学科的综合应用，目前国内还没有供应
链金融的本科专业，甚至连供应链管理专业也是 2019 年初才被
列入教育部本科专业目录中。供应链成为国家战略以及供应链金
融的蓬勃发展，必将带来对供应链金融专业人才的需求热潮，因
此也急需一本通俗易懂的入门书籍。

张钟允博士所著的《读懂供应链金融》面世恰逢其时，首
先，张博士师从中国人民大学宋华教授，本书的架构和宋华教授
的专著一脉相承，但在表达方式上更通俗易懂，特别是用许多日
常生活的示例来类比纷繁复杂的供应链金融交易结构，是宋华教
授学术专著很好的参考读物；其次，张博士作为万联供应链金融
研究院合约讲师，本次将他线上录制的课程内容加以改编并出
版，也是更好地为行业传播供应链金融的理论与方法；最后，这

本书也收录了万联供应链金融白皮书的最新案例，可以从商业模式和产品层面给从业者以参考和启发。

中国的供应链金融发展已经历时二十年，其间也经历过起起伏伏，而随着国家鼓励金融机构脱虚向实、服务中小企业的政策逐步落地，各种金融科技与产业场景深度融合，中国的供应链金融发展也将迎来新的机遇。衷心期待张博士的新书可以为行业的健康发展尽一份力，是为序。

蔡宇江

万联网创始人

前　言

　　这是一个理想的时代，这是一个现实的时代。理想是因为我们有幸赶上了万众创新的年代，社会经济欣欣向荣，人人心怀希望；现实是因为我们早已告别了空喊口号的岁月，人们脚踏实地，为了美好的未来勤勤恳恳、不屈不挠。在这个充满理想又着眼现实的时代，科技昌明、信息发达、传输通畅、社会开放，为商业创新带来了更多的发展机遇。

　　但商业有商业的规则，它就像个食物链，大型企业在供应链中占据 C 位，凭借更强的议价能力，使得上下游企业对其长期赊销、预付，这使那些流动资金不足的中小企业不堪重负。以往中小企业为解决资金缺口，只能向银行求助，但自身却因为达不到银行要求的信用门槛，难以获得借贷融资；而大型企业一般不缺乏现金流，它们拥有雄厚的资金实力，却往往成为银行青睐的对象，真是让人扼腕的"三角恋"。

　　现代信息科技和互联网的飞速发展，让企业间的联系更加紧密、互动更加便捷，随之而来的是企业有条件把非核心业务外包，将有限的资源投入到核心业务上。社会分工的进一步细化，生产服务业兴起，虚拟生产大行其道。同时，随着供应链中企业间的合作程度加深，物流、商流、资金流、信息流的流转更加通畅，上下游企业之间了解的增强、信任的提升，使商业竞争从原来的单打独斗，逐渐演变为组团竞合，有远见的企业越来越重视在供应链层面上打造一种整体竞争力。这些因素都为解决中小企业的资金缺口、提升供应链整体竞争力提供了创新的条件。

在以往，融资贵、融资难的问题长期制约着我国中小企业的发展，供应链金融就是一种依托于现代商业社会的思维创新，是在现代供应链管理理念下，借助现代信息技术，在商业生态中以闭合式资金运作模式，针对流动性较差资产，为成长型中小企业提供的一种新型融资模式。从微观的角度来看，这种模式一来使中小企业能够借助网络资源，解决现金流断裂的问题，从而发挥核心优势、茁壮发展；二来使大企业可以发挥闲置资源的价值，稳定上下游关系，强化自身的供应链实力；三来使金融机构渗透进不同的产业之中，大大拓展自身的业务空间。从宏观的角度来看，这种模式将政府部门、各类服务机构囊括进来，构建起一整套商业的生态系统，使社会各部门有机结合、各司其职，促进社会经济的协调发展。

中央政府在 2017 年强调积极推进供应链创新与应用，倡导大力发展供应链金融；2018 年，商务部等 8 个部委提出规范发展供应链金融服务于实体经济。因此，发展供应链金融不仅是中小企业的机遇，也是金融机构、大型企业，以及物流、商贸、电商等一系列服务机构的机遇，更是国家和社会的机遇。我国中小企业占企业总数的 95％ 以上，而绝大多数行业的中小企业占比更是在 99％ 以上，借助供应链金融的管理理念，切实可行地为中小企业提供融资服务，未来中国的中小企业融资市场将会是一片巨大的蓝海。

当下，供应链金融已成为社会关注的热点之一，相关的模式探索和机制研究更是如火如荼。然而，当前国内关于供应链金融的图书，或是深奥难懂，缺少一定专业基础的读者难以迅速掌握其中真谛；或是有失偏颇，对于一些相关理论和现象的解读无法尽如人意。本书继承了目前国内该领域的顶级权威——中国人民大学商学院的宋华教授——多年来对供应链金融的理论研究成果，并参考借鉴了大量专著、论文、调研报告、案例集等相关资料，在此基础上统合梳理，旨在将供应链金融中晦涩、枯燥的理论以浅显、风趣的形式呈现出来，以求降低该领域的涉入门槛，让更多尚不了解该领域的读者可以迅速构建起供应链金融的思维框架，为以后相关的工作和学习铺路搭桥。

本书共分两部分，1～7 章主要介绍了供应链金融的基本理论、基础模式，以及相关技术；8～12 章主要涉及了生产性服务、物流、贸易、电商平台、金融机构等领域开展供应链金融业务的管理理论以及商业模式，并附带大量案例，尽量做到理论结合实践。

本书的完成要感谢我的恩师宋华教授，以及各位师门同窗，他们的研究为本书奠定了坚实的理论基础。在本书的撰写过程中，万联网的蔡宇江先生、王青竹女士、赖海龙先生、何珊珊女士，以及其他一众同事给予了莫大的支持和鼓励，在此一并感谢。感谢中国人民大学出版社的曹沁颖女士，在本书出版过程中的辛勤付出。我的学生魏杨、李金穗、陈锦波等为本书的撰写提供了大量的技术性支持；另外，以往国内外各专家学者、企业界人士的研究成果和实践经验，也为本书的撰写提供了宝贵的素材，在此一并向他们表示由衷的感谢。

伴随着信息技术的发展和管理方式的变革，未来十年将是供应链金融发展的黄金时期。在这样的时代背景下，供应链金融的模式创新无论对于企业界、学术界，还是社会管理部门，都是值得深入研究的课题。希望本书能够抛砖引玉，让更多的企业界人士了解和关注供应链金融，让更多的专家学者分析和研究供应链金融。笔者才疏学浅、能力有限，且当下该领域的发展迅猛，书中若有不足之处，恳请广大读者批评指正。

目　录

第1章 初识供应链金融

供应链金融的产生背景：一场奇妙的"三角恋"

当今世界，经济全球化的程度不断加深，国际产业分工愈加细致，其缘由是以电子信息技术为代表的现代科技不断发展，使得通信不再靠吼，交通不再靠走，产品的研发、设计、加工、装配、销售以及售后服务，越来越突破国家和地域的限制，实现了全球化的生产分工协作体系。在这种情况下，产品的供应链可能包含不同国家和地区的企业，每家企业成为供应链上的一环，这样从源头采购到终端销售，环环相扣，形成了产业供应链系统。

比如说，在一条供应链中，原材料企业把原材料卖给中间品企业，中间品企业把原材料加工成半成品卖给成品企业，成品企业生产出成品再卖给分销商、零售商，最终这些成品作为商品被消费者购买。从一个汽车生产商的角度看，上游有一级供应商给它供应零部件，有二级供应商通过一级供应商给它供应元器件等等；往下游看，依次会通过一级经销商、二级经销商等等把生产出来的汽车卖给消费者（见图1-1）。

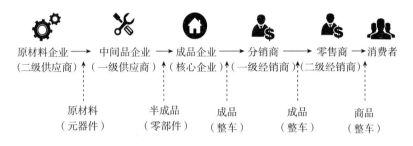

原材料企业 —→ 中间品企业 → 成品企业 → 分销商 —→ 零售商 →消费者
（二级供应商）（一级供应商）（核心企业）（一级经销商）（二级经销商）

原材料　　　半成品　　　成品　　　　成品　　　　商品
（元器件）　（零部件）　（整车）　　（整车）　　（整车）

图1-1　供应链的基本流程

有分工就有交易，有交易就产生了贸易。随着科技的发展和国际开放程度越来越高，不同国家和地区间的贸易规模不断扩大，企业间的合作程度不断加强，很多企业不仅注意提高自身的竞争力，还越来越重视与上下游间的协作关系，在维护自身利益的同时，打造供应链的整体竞争力。如此一来，产业竞争逐渐从企业层面上升到了供应链层面，从单打独斗向组团群殴发展。从此，供应链管理逐渐变得越发重要，这便是供应链金融得以存在的基本前提。

供应链管理，就是对整个供应链系统的计划、组织、协调、控制，并且对各个环节进行优化的活动。美国供应链专业协会对供应链管理的定义为："供应链管理包括规划和管理供应采购、加工生产和所有物流活动，尤其是渠道成员的协调和合作，这些成员包括供应商、中间商、第三方服务商、客户。从本质上说，供应链管理是对企业内外供应和需求的全面整合。"

如果借用物流的7R理论，供应链管理可以被视作将适当数量（right quantity）的适当产品（right product），在适当的时间（right time）、适当的地点（right place）和适当的条件（right condition）下以适当的成本（right cost）交给适当的客户（right customer）。也就是说，供应链管理是对供应链中每个协作环节的优化，提升供应链这个"家族团伙"的整体竞争力。比如前文提到的那个汽车生产商，若想取得竞争优势，就要尽力去优化它供应链上的每个环节，上下游的每笔交易要无限接近性价比最高，尽最大可能获取价值。

供应链上企业间的交易和协作，归根到底是价值的交换，这导致了信息流、资金流、物流和商流在上下游间流动。大多数情况下，这"四流"并不是同步运行的。供应链上的企业有大有小，大企业往往对它上下游的中小型供应商和销售商有比较强的议价能力。这个议价能力，可以理解成"你爱买不买"或者"你爱卖不卖"的强硬姿态，这样自然会占据谈判的主动权。大企业可以利用它这种主动的议价能力，变相占用中小企业的流动资金，两头强硬。具体来说就是，大企业在交易中，为了不占用自己的现金流，往往会要求上游采取赊购的方式，就是你先把原料卖给我，我先不给你钱，等我生产出产品卖出去了，再拿这笔回款付你钱。这种赊购需要一个周期，短则个把月，长则半年一年，甚至更长。同时，大企业还往往会对下游采取收预付款或者现货现付的交易方式，也就是你要么先交定金，要么一手交钱一手交货。

这样一来，大企业可以一直握有充足的流动资金，但中小企业生意越好，赊销就越多，资金缺口就越大，形成了恶性循环。资金是企业发展的源泉，尤其是中小企业，若要快速发展，处处要用钱，需要保证充足的资金流，所以中小企业要么给产品打折以求立即付款，要么就只能向银行借贷。但是，很多中小企业如果凭自身向银行借贷，那比登天还难。在银行看来，中小企业本身存在很多问题，比如缺少抵押和担保、财务报表不健全、信用评级不高、抗风险能力弱等等。银行如果贷款给中小企业，无法保证能顺利收回，就不愿向中小企业放贷；大企业一般信用良好，不存在中小企业那些问题，放贷风险比中小企业小得多，可是大企业本身就财大气粗，还能通过自身强大的议价能力占用上下游的资金，一般不存在什么资金缺口。

这里就形成了一个"三角恋"关系，中小企业缺钱银行却不愿借钱给它，银行愿向大企业放贷大企业又不太需要。如果把供应链比喻成一个家族的话，中小企业像弟弟，大企业像哥哥，商业银行就是邻家女孩。弟弟喜欢女孩，女孩觉得弟弟不靠谱，不愿意理他，反而喜欢高大威猛的哥哥，但哥哥又对女孩的暗送秋波不感冒。如果按照供应链金融的逻辑，哥哥凭借对弟弟的了解，跟女孩保证弟弟靠谱，帮女孩打消对弟弟的顾虑，把女孩和弟弟撮合到一起。这样一来，不仅弟弟获得了幸福，家族成员也变得更加团结，从而加强了家族的整体竞争力。

从现实商业的角度来理解，就是由于中小企业的信用资产不足，银行不确信它获得贷款后有没有能力偿还，但大企业长期与中小企业合作，知道它们的斤两，能够在交易中预测中小企业未来一定时期内的收益水平。也就是说，中小企业借了钱有没有能力偿还，银行不知道，但大企业知道；大企业可以帮助中小企业在银行那里补充信用资产的缺失（担保、抵押、监督等），在保存自身现金流的同时，帮助上下游的中小企业获得借贷。所以，供应链金融本质上就是把供应链上的物流、商流、信息流、资金流通过整合，为中小企业填补资金缺口服务。

从商业银行的角度来看，供应链金融也是其业务增长的重要来源。发达国家的商业银行大部分利润来源于中间业务收入，也就是银行为客户办理的各种委托代理服务。在中间业务里，银行既不是借钱的，也不是放钱的，而是通过各种金融服务抽取一定佣金的掮客。当前我国商业银行的利润来源主要还是存贷利差。且不说资本市场的日趋开放会导致存贷利差不断缩小，随着我国金融体制改革的不断深化，多种非银行借贷融资的形式越来越多，"金融脱媒"愈加普遍，这也进一步压缩了我国商业银行的利润空间。

在中国，中小企业占到企业总数的 90% 以上，很多行业的中小企业比例在 99% 以上，特别是中国自加入 WTO（世界贸易组织）之后，国际贸易连年跨越式增长，嵌入国际产业分工的程度越来越深。随着今后"一带一路"的开展，国际市场会持续扩大，中小企业开展国际贸易的比例会越来越高，对流动资金的需求也空前巨大，这愈加需要一种更为灵活、成本更低、效率更高、风险可控的融资模式，而以供应链协作为中心的供应链金融，迎合了这种时代的需要。

但是，每个中小企业的实际情况都不一样，而且越来越多的中小企业要融资，不再仅仅是为了解决短期的资金缺口，还会有很多其他的商业诉求。企业也好，银行也罢，要开展供应链金融业务，不仅需要深度嵌入供应链运营体系之中，对目标行业的来龙去脉充分了解，还需要根据每个企业的实际情况，专门设计出一套定制化的信贷融资方案。

供应链金融的原理：跑得了和尚跑不了庙

中小企业销售时的赊销、采购时的预付，以及库存对资金的占用是造成资金缺口的主要原因，银行又不愿给中小企业贷款，就导致了中小企业的资金缺口一直堵不上，严重的直接导致资金链断裂。其实，银行不愿给中小企业贷款的根本原因，科学地说，是信息不对称。也就是双方对同一个对象掌握的信息不对等，信息多的一方有可能蒙蔽信息少的一方，这是后者遭受损失的风险来源。在融资活动中，如果只看借贷双方，贷方需要对借方充分了解，但再了解也不及借方对自己的了解。信息不对称又分成事前和事后两种，放贷之前是事前信息不对称，放贷之后是事后信息不对称。

事前信息不对称与逆向选择

在交易之前，买卖双方掌握的信息不一样多，信息少的一方为了降低风险，会把条件定得很苛刻。这样一来，信息多的一方再怎么保证不会骗人，对方也不信，毕竟在商业交易中，人品是靠不住的。比如二手车交易就是典型的事前信息不对称。如果你要买一辆二手车，但对这个车的了解肯定没有卖家多，卖家越跟你说这个车多好，你越会觉得可疑。你会担心虽然这车现在看起来不错，万一买回去了隔三岔五出毛病都没处说理去。于是你会出于自我保护心理，先入为主地把它当成车况比较差的车，出个很低的价格，保证你买不了吃亏、买不了上当。但是，如果这台车确实车况良好，卖家肯定不愿意低价出售，这个生意就做不成了，大多数情况是卖家为了保证他的利润，会推荐你另一辆车况更差的车。

银行不愿意给中小企业贷款也是这个道理。中小企业对银行说它会到期还钱，可是它既没抵押又没担保，银行也不相信它财务报表的真实性。所以，银行就干脆不放贷，或者要抬高贷款利率以补偿放贷的高风险。中小企业如果要堵上资金缺口，就不得不接受高利率的条件，可如果利率高到无法承受的地步，人品好的老板就不融这个资了，人品不好的老板接受条件之后就卷钱跑了。这种因融资前的信息不对称导致的银行挑客户的现象叫作"逆向选择"。这里的贷款利率，我们一般叫作"融资成本"，或者"资金价格"。

事后信息不对称与道德风险

有些交易可能不是买完卖完就结束了，还需要一些后续的内容。比如你买一台洗衣机，由于你不了解洗衣机的技术和质量，一般会选择提供完整售后服务的商家。但你还是会担心，因为你并不知道这个售后承诺是否靠谱，所以就会更加倾向于选择大品牌，因为大品牌更有信誉。

银行不愿贷款给中小企业还是这个道理。银行原本不属于产业供应链体系的内部成员，不参与企业间的交易协作，所以它并不了解中小企业实际的运营状况和盈利前景。如果中小企业既没抵押又没担保，银行会担心企业拿到融资后不是真的去做商业运营，而是进行投机活动或是挪作他用。这样的话，企业原有的资金缺口还是填不上，商业运营没法正常开展，到期还款便无从保证。如果银行为覆盖风险提高贷款利率，反而进一步坚定了企业赖账不还的决心，风险就这么进一步照进现实了。因为事后的信息不对称，银行担心企业欠钱不还的行为叫作"道德风险"。

硬信息与软信息

经济学家把信息分为"硬信息"和"软信息"两种。硬信息一般是指看得见摸得着的价值符号，比较容易获取；而软信息一般是指在长期交往中所形成的了解或信念，不太容易获取。打个比方，相亲时由于双方彼此不了解，往往是首先获取对方的硬信息，比如家庭出身啊、学历啊、是否有房有车啊等等，以此来判断今后生活幸福的可能性；但是，朋友间的日久生情，则是通过长期的交往，相互间对彼此的才情、品格、上进心之类的软信息充分了解，即使没车没房，也能判断今后生活幸福的可能性。通常情况下，与相亲相比，这种由朋友演变成恋人的情感更加稳固。至少在借钱的时候，多年的朋友总会比刚认识的相亲对象更靠谱一些。

同样的道理，由于银行并不直接参与供应链协作体系的具体运营，所以银行并不了解中小企业的运营状况和盈利前景，它只能通过切实可行的抵押资产、担保主体、完整可信的财务报表以及苛刻的信用评级等硬信息，来判断企业未来的偿还能力，但这些都是中小企业所缺乏的。中小企业不能满足银行的硬信息评价，自然无法从银行那里获得融资。那为什么供应链金融就能帮中小企业获得融资呢？因为供应链金融是基于供应链协作体系衍生出来的一种融资模式。在现代供应链协作体系中，通过对物流、资金流、信息流和商流的统筹，可以通过软信息把这个 bug 补上。

"四流"降低信息不对称

供应链中的企业，都是从上游那里把原材料买来，加工成新产品之后卖给下游，这么一步一步，最终把成品卖给消费者。很多企业的上游供应商和下游客户往往不止一家，所以这个过程看似像个链条，实则是个网络，在这个网络中会有大量的货物、资金、信息和交易价值的流通，这些流通能够充分反映出企业的软信息。也就是说，供应链金融的原理，就是通过软信息来降低借贷双方的信息不对称。

不同的货物在供应链网络中被卖来卖去，网络中企业间货物的流动，产生了交易间的物流；买东西就得给钱，可以先给或者后给，可以一起给或者分期给，资金在企业之间流动，形成了资金流；货物和资金等交易信息都会被上下游企业记录在案，随着合作的时间越长、程度越深，相互间的了解就越透彻，形成了信息流；虽然大家都很熟了，但大家交往图的不是白头偕老，更不是请客吃饭做文章，而是通过交易获取价值，形成了商流。

供应链中的这"四流"能充分反映企业的软信息，优秀的中小企业能够通过软信息，反映未来的盈利前景和发展空间，从另一侧面证明自己有还款的能力。但这些软信息只有供应链内部成员了解，银行这种局外人不了解，所以供应链金融就是一种挖掘中小企业软信息的融资模式，降低融资的事前信息不对称。供应链金融的融资活动中，参与方不仅包括融资企业和银行等金融机构，还涉及上下游的其他企业，尤其是核心企业。如果融资企业欠钱不还，损失的不仅是银行，还会波及上下游的相关企业，甚至会影响整个供应链网络的整体利益，这个后果任哪家中小企业都承担不起，其他企业也不会给它这个机会。因此供应链中"四流"反映出来的软信息，还能对企业形成一种监督机制（见图 1-2）。

简单地说，银行可以在供应链协作的环境下，通过对中小企业与上下游的交易行为，以及对其所在供应链的整体评价，预测该企业的成长前景，打消它借钱以后没钱还的顾虑；还可以通过供应链中其他企业对该企业的监督，打消它借钱以后不想还的顾虑。也就是说，我相信你确实是有偿还能力的，我才会借你钱；

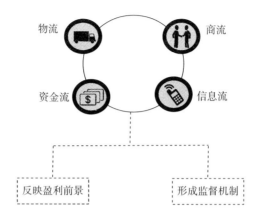

图 1 - 2　供应链金融的基本原理

就算你不还钱，你七大姑八大姨我都认识了，你跑得了和尚跑不了庙。

供应链金融的特征：一个都不能少

在传统的融资借贷中，银行不能确认中小企业的还款能力，所以不愿意给它贷款。但是如果从整个供应链的角度看，这里面企业之间的物流、商流、信息流、资金流的流动状况，就能反映出中小企业的还款能力了，而且还能抑制中小企业的违约行为。明白了这个道理，下面我们就来了解一下供应链金融的六个特征。

特征 1：基于现代供应链管理

现代供应链管理是开展供应链金融业务的基本理念。供应链金融是基于现代供应链管理衍生出来的一种金融性服务，包括研发、采购、物流、信息系统、销售等等各个环节，以及这些环节和活动之间的协调状况。开展供应链金融业务，不光要看融资企业的基本信息，更重要的是看它在整个供应链网络中的贸易情况，从企业在上下游间的真实交易着眼，判断流动性较差的资产在未来变现的可能性。

在现代供应链管理的背景下，能够更加客观地判断中小企业的运营能力和抗风险能力，以此来判断为中小企业融资的规模和风险。

特征2：借助信息技术和大数据分析

通过大数据技术对融资企业进行整体评价，是开展供应链金融业务的技术前提。通过大数据的收集和分析，不仅需要评价融资企业本身，还要分析它所在的供应链网络，以及所在行业的整体情况。比如，分析行业的时候，需要考虑到宏观的经济环境、政策、行业现状、发展前景这些因素；分析供应链网络的时候，要了解这个供应链的市场竞争状况，要融资的企业在供应链中的地位、与其他企业的关系；分析企业自身的时候，要了解它的生产运营情况、资产结构，以此来分析该企业的盈利前景，以及针对流动性差的资产进行融资的可行性。

但分析这些都需要海量的相关数据，需要运用大数据分析技术，把企业的每一笔交易、每一项物流活动、每一次信息交流等等与企业运营有关的数据整理、汇总，再分析计算，以此计算出的结果帮助供应链金融的相关主体做出正确决策。

特征 3：闭合式资金运作

闭合式资金运作，是开展供应链金融业务的刚性要求。供应链金融一般是针对某一交易中涉及的物流、商流等要素进行的融资活动，这样就能把一次交易中的每个业务环节拆解，按照每个具体的业务环节逐笔审核放款，以此保证资金的运用被限制在可控范围之内，确保对融资形成的未来现金流的回收与监管。打个比方，大人给孩子零花钱不是每月一次性地给，而是要吃饭时给饭钱，要坐车时给车钱，这样按照需要一点一点地给，最大限度地保证零花钱不会用在不当的地方。

保理融资就是一个比较常见的闭合式资金运作模式。供应商把一批产品卖给下游客户，下游客户给供应商开个发票或者银行汇票，就相当于未来还款的凭证。这个供应商可以把这个凭证抵押给银行以获得融资，等下游企业偿还货款的时候，就可以直接把货款付给银行。所以说，闭合式资金运作就是一笔交易一次融资，这个交易是在供应链内部完成的，这种融资形式可以最大限度地保证资金的使用效率，并控制风险。

特征 4：构建商业生态系统

构建供应链商业生态系统，是开展供应链金融业务的必要手段。生态系统是均衡循环的，在这个系统中每一个物种环环相扣，少了哪一个都可能导致生态的失衡。供应链的商业生态系统也一样。在一个供应链网络中，需要各类的供应商、生产商、销售商、投资人、市场中介、服务单位、政府、消费者等等这些生产产品和提供服务的群体，共同构建一个相互作用的、类似于生态系统的经济联合体。在这个商业生态系统中，不同的主体都由各自的利益驱动，它们各司其职、相互合作、资源共享、互利共存。

开展供应链金融业务也需要依存于这样一个商业生态，包括供应链上下游企业、监管部门、金融机构，以及其他各类相关的主体。如果缺乏这样的一个生态系统，相关主体之间就会缺乏有效的沟通和分工，供应链金融活动就很难开展。

特征 5：服务于成长型中小企业

成长型的中小企业，是开展供应链金融业务的主要服务对象。在供应链运作的过程中，存在资金缺口的主要是中小企业，供应链金融的主要作用就是补足中小企业的资金缺口，使供应链上下游企业间的交易更为顺畅，提升供应链网络的整体竞争力。然而，具体到银行或企业，开展供应链金融业务的直接目的是从中盈利，至于借贷的对象资产规模够不够，财务报表全不全，这些都不重要，有信用、有潜力才重要。

中小企业在供应链网络中的交易不仅要面对上游卖方或下游买方，还会涉及物流、商贸、监管机构等多个主体，通过对各方面交易信息的收集和整理，可以推算出中小企业融资后的偿还能力。供应链中企业间关系还会形成对中小企业融资信用的监督机制。但是，不同行业的供应链网络中，企业间的每笔交易千差万别。在这种情况下，开展供应链金融活动需要根据不同企业、渠道或交易的具体要求，定制个性化的融资方案。

特征 6：针对流动性较差资产

流动性较差资产，是开展供应链金融业务的主要针对目标。流动性较差资产就是不好出手变现的资产，房地产、粮食、烟酒这些东西不能叫流动性较差资产，如果拿这些东西做抵押向银行借贷，即使不还钱，银行分分钟就能把这些东西变现。企业积压的半成品库存是流动性较差资产，预付款或者应收账款的票据也是，这些东西一般银行是不收做抵押物的，因为银行不能有效地评估这些资产的实际价值，如果不还钱，这些东西很难出手。

这些东西虽然银行没法变现，但企业会在未来的交易中把它们变现。如果针对流动性较差资产获取供应链融资，需要确保这些资产具有良好的自偿性，也就是确定在未来会产生现金流。这些资产本身对银行来说没什么用，但对需要融资的中小企业却有大用处，这就像去图书馆借书，图书馆要押身份证是一个道理。

供应链金融的参与主体：四个主角和一个配角

开展供应链金融要依托供应链中企业上下游之间的真实交易。但是，如果根据这些交易开展供应链金融业务，涉及的主体则不仅仅是买卖双方，还包括银行、物流、商贸、保险、代理、咨询机构等相关主体。按照全球商业研究中心的分法，供应链金融的参与主体一共分成四类：交易方、平台提供方、风险管理方和流动性提供方。这四类主体就像桌子的四条腿，共同支撑起供应链金融的业务范畴。如果把供应链金融的业务活动比作一场戏剧，那么这四个类别就像四个主角。各种参与供应链金融业务的公司、机构、组织就像是一个个演员，这些演员你方唱罢我登场，分别在这场为中小企业融资的戏剧中扮演不同的角色：有的饰演主角，有的饰演配角，有的大咖还能同时饰演多个角色。

交易方

供应链交易方同时包括了买方和卖方。在产业供应链的交易中，买卖双方通常不是一手交钱一手交货的。因为在供应链网络中大家都很熟，即使不熟，议价能力弱势的一方也要装作很熟。议价能力强势的一方为保持自身充足的现金流，交钱和交货往往不是同时进行的。

这就形成了一个零和博弈，一场交易要么占用买方资金，要么占用卖方资金，最后当然是议价能力弱的一方资金被占用。弱势一方往往是中小企业，这时候中小企业要用钱，就要通过借贷获取资金，这也是供应链金融存在需求的主要原因。所以，扮演交易方这个角色的演员一般有两个，也就是交易中的买卖双方，但也不排除个别情况下有更多交易方参与的情况。

平台提供方

平台提供方主要做两件事情，一是为参与供应链金融的各个主体提供一个互动的场所，尤其是在交易双方和金融机构之间充当平台或中介的作用。这样一来，融资的需求方（交易双方）和供给方（金融机构）在这个平台上互动，平台提供方利用收集整理出来的以往交易中的票据、订单、财务状况等信息，为供应链融资提供决策依据。二是如果遇到资料不全的情况，平台提供方还可以在一定程度上把资料补全，包括开票、匹配、整合、支付、文件管理等操作。

比如在淘宝上买东西，淘宝只是一个平台提供方，卖家在平台上卖东西，买家在平台上付钱，淘宝不但给双方提供了交易场所，还提供了沟通渠道（阿里旺旺）。这样一来，淘宝就收集到了交易信息。如果你需要这些信息来证明哪一方的信用，淘宝就会把交易记录、支付记录、退换货记录，甚至聊天记录等等这些信息统统整理出来，根据这些信息估算出一个信用等级。所以，在供应链金融中，平台提供方的主要作用是信息呈现和流程操作，为融资的信用提供风险管理服务。

风险管理方

风险管理方要做的事情是将买卖双方的交易数据、物流数据等跟融资活动相关的数据整合起来。因为在供应链金融中，融资依据主要是针对企业的流动性较差资产，比如半成品库存什么的，而交易中的物流就是这类资产的直接表现。风险管理方首先需要整合交易中的物流数据，并甄别这些数据的完整性和可靠性。因此，风险管理方需要具备物流管理的专业知识，以此来正确把握物流业务的运行状态，避免出现信息偏差。

在供应链金融中，信息技术和大数据是保证物流信息与融资活动完美结合的技术基础。风险管理方还需要通过大数据技术，对收集来的海量数据进行综合性的统计分析。根据交易的特点、产品的性质等情况进行数据分析，把握交易的特征以及各参与主体的行为状态，以此全面了解供应链的运行状况、控制融资风险。在这个过程中，它还要监控真实交易的过程、监控产品的状况，通过这种方式尽量控制融资过程中可能发生的风险。

另外，这里需要分辨一下风险管理方和平台提供方的区别。平台提供方是负责收集和提供交易数据的；风险管理方是负责分析数据和监控交易的。平台提供方就像菜市场，风险管理方就像饭店。平台提供方把需要的各种食材（信息）收集来，提供给风险管理方，再由风险管理方对这些食材（信息）进行甄别和加工，最后根据不同的口味要求做出定制化的菜肴（方案）。

这两者容易混淆，是因为很多时候扮演这两个角色的是同一个演员。比如淘宝，一方面它不仅收集买家的支付数据、退换货数据、搜索数据，还收集卖家的发货数据、销售数据、库存数据，以及买卖双方交涉的信息数据；另一方面，它还分析这些数据，根据这些数据对买家或者卖家进行信用评级什么的，并监控商品的物流状况，比如快递到哪了，预计哪天能送到，派件员是谁等等。此外，像苏宁易购、亚马逊这些大明星，也都同时充当着平台提供方和风险管理方。

虽然这种情况在电商零售领域比较常见，但是在产业供应链中，上下游企业间的交易流程和物流信息更加复杂，阿里、京东这样有实力的平台又太少，所以很多时候分别由不同的主体来充当平台提供方和风险管理方。这些主体有的时候可能是专门的服务机构，如物流公司、商贸公司，有的时候可能是供应链中的核心企业，如成品生产企业、大型零售商。

流动性提供方

流动性这个概念比较复杂，可以理解成资金，或者是答应提供资金的一个承诺。流动性提供方可以理解成商业银行、保理公司、投资公司这类提供融资服务的金融机构。流动性提供方的主要职责是直接提供贷款融资，或者为贷款融资做担保。虽然有风险管理方给它们提供了分析结果，但融资决策还是要自己来做。贷款放出去了能不能顺利收回来，这个过程中能不能盈利、会赚多少、会赔多少，这些责任都需要做出决策的一方来背负。一旦风险发生，承担风险的还是流动性提供方，因此这个角色也叫作风险承担方。叫什么不重要，融资后能顺利获益才重要，所以流动性提供方自己也要进行一定的技术分析，并且根据交易情境和自身情况设计业务模式。

很多情况下，金融机构并不直接参与供应链运营，难以有效掌控上下游企业间的真实交易。金融机构如果要开展供应链金融业务，需要尽量融入产业供应链的协作体系内，了解供应链网络内企业间的交易特征，为金融决策提供支持。当前很多金融机构都在构建自己的资金整合管理平台，也就是说金融机构未来不仅可以扮演流动性提供方，还有可能扮演平台提供方或者风险管理方的角色。

一些嵌入供应链网络内的、具有强大资金实力的企业，原本是扮演交易方、平台提供方或风险管理方的角色，也开始利用自身充沛的现金流承担起了流动性提供方的角色。比如阿里、京东等电商平台，以及一些大型生产企业，在很多时候都会利用自有资金，为其上下游的中小企业开展融资业务。这样一来可以开展一项新的盈利业务，二来能够保障自身与上下游的交易顺畅，三来还能巩固自己在供应链网络中的核心地位。供应链金融这场戏剧中主要有四个主角，但扮演这四个主角的演员却有很多。因此，在供应链金融的业务活动中，一般情况下是由不同的企业来扮演不同的角色，但也不排除实力强大的企业"一人饰多角"的情况发生。

环境影响方

如果我们再把眼界放开一点，开展供应链金融需要构建供应链的商业生态系统，供应链金融业务需要依托在商业生态系统之上。在这个系统中，除了涉及我们上述的四个主角，还存在若干配角，这些配角有意无意的行为，都会多多少少对供应链金融的发展造成影响，它们充当着环境影响者的角色，主要体现在制度环境和技术环境两方面，这也符合权变理论。

先说制度环境的影响方。按照制度理论的说法，制度环境对组织的影响主要表现在管制、规范和认知三方面。管制表现在法律法规上，规范表现在行业监管上，认知表现在行业认同上。首先，因为供应链金融业务涉及很多动产质押、应收账款等方面的活动，我国的《物权法》《担保法》《合同法》《动产抵押登记办法》《应收账款质押登记办法》等法律法规及司法解释，对约束和推动我国供应链金融的发展具有重要意义；其次，相关部门的行业监管、行业内诚信体系的建立，以及电子检查监视系统的建设，会对开展供应链金融业务的行为产生规范作用；再次，因为供应链网络是一个长期协作交易的体系，上下游企业对相互关系以及网络整体的认同，也会对其行为形成约束，这种认同是基于一种长期形成的文化惯例。所以，制定法律法规、实行行业监管、施加文化影响的社会主体，很多时候虽然不直接参与到供应链金融的活动中，但影响了供应链金融的制度环境，如政府部门、行业协会、新闻媒体等。

再说技术环境的影响方。电子信息技术的发展为开展供应链金融业务提供了必要的技术手段。如果仅靠记账本、拨算盘、打电话，很难建立起现代意义上的产业供应链体系，供应链金融则更是无从谈起。现今供应链上下游企业间的交易和协同，基本都是在互联网环境下完成的。很多时候，信息化手段本身就是供应链金融的要素内容，如电子化票据、库存检测等。随着电子信息技术的发展，物联网、大数据、云计算、区块链，以及移动终端等信息技术的发展，将使线上线下业务进一步融合，不仅加快了信息流通，还会促进物流、资金的流动，从而推动供应链金融的发展。所以，很多社会主体在开发与应用新技术的同时，有意无意地充当了供应链金融的技术环境影响者，如科研机构、服务提供商、行业竞争者等（见图 1 - 3）。

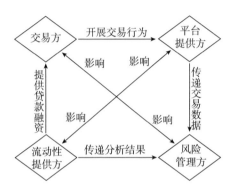

图 1 - 3　供应链金融参与主体结构分布

供应链金融的发展：从游击队走向正规军

关于供应链金融的起源，并没有一个精确的时间点，一般认为出现在 21 世纪初。宝洁公司曾在其 2002 年的报告中指出，在供应链的流程中往往伴随着大量的金融活动，例如在接受订单时，需要考虑对方的商业信用，以决定是否赊销和赊销的期限；在原材料库存管理中，需要考虑开出发票的时间点，以及预测未来的现金流入；在生产环节中，需要盘活营运资金；在分销过程中，涉及结算与支付等一系列问题。在我国，人们普遍认为供应

链金融的发展经历了三个阶段，即"以点带链"的供应链金融
1.0、"从链到网"的供应链金融2.0，以及"依网扩圈"的供应
链金融3.0。

"以点带链"的供应链金融1.0

在供应链金融1.0阶段，最早发起供应链金融业务的是商业
银行。深圳发展银行（现平安银行）与中欧国际工商学院共同组
建的供应链金融课题组在2009年给供应链金融下的定义为：在
对供应链内部的交易结构进行分析的基础上，运用自偿性贸易融
资的信贷模型，应引入核心企业、物流监管公司、资金流引导工
具等新的风险控制变量，对供应链不同节点提供分别的授信支持
以及其他结算、理财等综合金融服务。这里面有几个关键信息：
内部的自偿性贸易、核心企业等风险控制变量、对不同节点分别
授信。随后，深圳发展银行将其概括为"M＋1＋N"模式（有的
地方也称为"1＋N"模式或类似说法）。

在这个"M＋1＋N"模式中，商业银行通过对供应链核心企
业这个"1"的信任，向它上游的 M 个供应商或下游的 N 个客户
提供融资服务（见图1-4）。这种融资服务只是基于上下游协作
中单笔交易的某项资产，该压哪批货、该转哪笔账，一一对应。
在这个模式中，银行开展供应链金融的基础是核心企业的信用转
移。通过核心企业为它上下游的中小企业做担保，银行才会放心
给这些企业融资。

此时商业银行开展融资业务是基于对核心企业的信任，如果

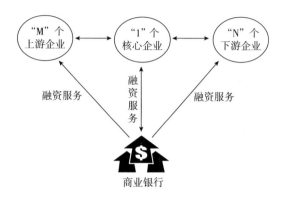

图1-4 供应链金融1.0业务结构

核心企业要流氓，银行的业务就很难再开展下去。这个阶段的供应链金融业务结构简单，牵扯到的主体很少，而且业务模式也不稳定，我们把这一阶段的业务模式比喻成"游击队"。

"从链到网"的供应链金融2.0

在供应链金融2.0阶段，供应链金融是基于供应链运行产生的综合性金融业务，其顺利实施与否，取决于供应链成员间是否相互协同、肝胆相照。也就是说，如果要开展供应链金融业务，首先要hold得住供应链上的交易和物流。因此，供应链网络中的焦点企业逐渐成为开展供应链金融业务的主导，并且由"链"发展到"网"，第三方物流、监管机构等相关主体也都参与了进来（见图1-5）。

这里需要明确一下焦点企业与核心企业的区别。在单独一条供应链中，议价能力最强、交易规模最大的企业通常被视为核心

企业。但很多时候，一条供应链上的节点企业的上下游往往不止
一家客户，加之物流、金融、商贸等相关服务主体，便形成了一
个供应链网络，在这个网络中占据最多客户资源的企业，往往被
视为焦点企业。也就是说，核心企业背后是"链"，而焦点企业
背后是"网"。尽管很多时候核心企业和焦点企业是同一家，但
在一些领域中，焦点企业未必就是核心企业，它可能是平台、商
贸，或者第三方物流这些服务机构。

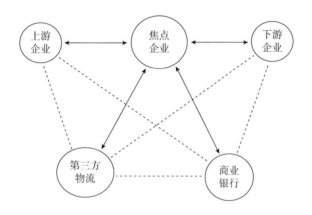

图 1-5　供应链金融 2.0 业务结构

在整个供应链协作体系中，焦点企业可以对供应链中的物
流、商流、信息流、资金流进行最有效的掌控。上下游交易方、
金融机构、第三方物流这些主体，可以通过它的焦点位置连成网
络。这时候焦点企业开始取代银行，成为开展供应链金融业务的
主体，并成为平台提供方和风险管理方，一方面为这些主体提供
一个能够愉快聊天的平台；另一方面给这些主体安排各自的位

置，设计一个大家好才是真的好的融资模式。

这时候，银行虽然不是主导了，但它却终于能够参与到供应链运营的体系中来，至少在别人交易的时候，它会有个贵宾席。这个阶段，供应链金融的业务结构开始复杂起来，涉及的主体开始多起来，焦点企业能对交易进行有效掌控，业务模式也开始稳定起来，原来的"游击队"开始成军了，但这个军队的战斗力还不是很强，故暂且把这个阶段的业务模式比喻成"地方军"。

"依网扩圈"的供应链金融 3.0

到了供应链金融 3.0 阶段，焦点企业利用互联网技术打造一个商业生态圈。在这个生态圈中，无论是上游供应商、下游采购商，还是金融机构、服务单位以及政府部门，都将涉及更多不同的主体。焦点企业能够通过互联网把这些主体整合起来，这就需要物联网、大数据、云计算以及区块链为它提供技术支持。借助现代化的信息技术手段，焦点企业搭建起跨链条、跨部门、跨区域的综合性平台，并与政府、行业协会等社会部门联盟，收集并整理各方的信息数据，综合调配资源为有潜力的中小企业提供融资服务。在这种情况下，焦点企业不但能完全 hold 住上下游的交易，还可以在更大范围内整合供应链生态圈，并占据其中神经中枢的位置（见图 1-6）。

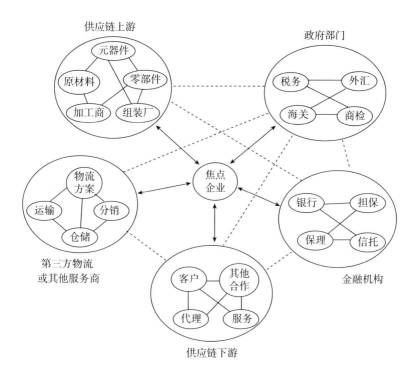

图 1-6　供应链金融 3.0 业务结构

　　尽管牵扯的主体规模更加庞大，交易形式更加复杂，但信息技术可以让这些交易有序进行，使整个生态圈成为一个有机的协作系统。焦点企业身处其中，能够更全面地把控供应链融资的各个流程，并统筹调配各种资源开展供应链金融业务。这就像一支军队的总参谋长，把前方部队、武器装备、后勤保障、信息技术等各个部门统筹起来，为一个共同的目标各司其职、相互协作。如此这般，供应链金融的业务模式会更加稳定，业务流程也开始标准化，我们把这个阶段的业务模式比喻成"正规军"。

无论是供应链金融1.0、2.0还是3.0，都不是迭代关系，不是2.0取代了1.0，也不是3.0取代了2.0。游击队有游击队的用处，地方军有地方军的用处。企业在开展供应链金融业务时，应根据自身的情况选择业务模式，如果只有十几个人七八条枪，却要去打正规军的仗，可能分分钟被团灭。

当下我国开展供应链金融业务的企业，绝大多数的业务模式还处于1.0阶段或者2.0阶段，一些有实力的企业可能发展到了2.5阶段，达到3.0阶段的企业少之又少。路漫漫其修远兮，开展供应链金融需要一个资源积累的过程，不可能一蹴而就，但是随着科技的发展，随着产业整合程度越来越高，以互联网和信息技术为基础的供应链金融业务模式将会成为发展趋势。在这种国际贸易的背景下，供应链金融不仅能帮助中小企业解决眼前的苟且，还会带来诗和远方。

小结

供应链金融的核心，是结合产业运行特点，帮助中小企业在日常运营中获取融资，将产业资源和金融资源高度结合。通过供应链上下游间的物流、资金流、信息流和商流所映射出的软信息，一方面降低银行和中小企业之间的事前信息不对称，避免银行的逆向选择；另一方面降低银行和中小企业之间的事后信息不对称，避免中小企业的道德风险。企业开展供应链金融业务需符合六个特征：现代供应链管理、大数据技术的综合评价、闭合式资金运作、构建商业生态系统、服务于成长型中小企业，以及针对流动性较差资产。供应链金融业务的主体包括交易双方、平台提供方、风险管理方、流动性提供方，以及环境影响方等。供应链金融的发展经历了1.0、2.0，以及3.0阶段，当今国际产业分工越来越细致，产品的研发、设计、加工、装配、销售等环节逐渐突破了地域限制。

第 2 章　供应链金融的前世今生

　　了解了供应链金融是怎么回事后，我们再来说说供应链金融是怎么来的，也就是它的基因问题。供应链金融有两个基因：一个是物流金融，另一个是贸易金融，这两种基因共同演变出了供应链金融。

物流金融的基因：送货，顺便融资

　　广义的物流金融伴随着物流产业的发展而产生，是为物流提供资金融通、结算、保险等服务的金融业务；狭义的物流金融起源于"以货融资"，也就是以交易双方的货物流通为基础构建起来的融资方式。假设买卖双方身处两地，不能面对面一手交钱一手交货，而是卖方先发货，货物通过第三方物流交到买方手上，买方收到货了再付钱给卖方。如果运送货物的流程比较复杂，花费的时间比较长，卖方出货之后就有可能迟迟收不到回款，造成资金缺口。

　　这时候有个金融机构跟卖方说，这批正在运送的货物可以做抵押，为了给你节省时间，我先替买方把钱付给你，你给我打个折扣；然后再跟买方说，这批货该怎么运怎么运，在运输的过程中我先替你看着，等货送到你手上了，你直接把货款付给我就行了（见图 2-1）。这样一来，卖方虽出让一点折扣，却换来了迅速回款；买方在正常收货的前提下，货款给谁都是给；金融机构在这个过程中还能赚取差价，另外还可以推销一下它的保险、理财产品之类的。如此一来，变成了他好我也好的结局。

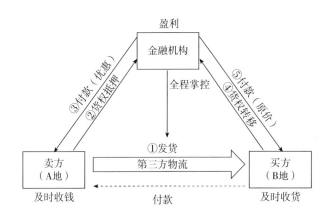

图 2-1　物流金融的基本流程

　　这里有人会想，送个货能花多长时间？如果国内的普通消费者在天猫上买瓶老干妈，快递确实花不了多长时间。但如果是美国的沃尔玛总部要在中国采购一万瓶老干妈，为节省运费一般走海运，船舶在浩瀚的太平洋上航行，要耗费半个月左右的时间，再加上质检、通关清关，再通过分拣中心、仓储、陆上配送等等环节，货物运到美国之后沃尔玛还要验货入库，等这些事都办完了，沃尔玛才会向老干妈付钱。这一套流程下来，物流时间起码要一两个月，这段时间差造成了老干妈那边的资金缺口。如果沃尔玛再流氓一点，一定要等这一万瓶辣椒酱都卖出去了再付钱，那老干妈的资金缺口就会更大。

在物流金融中，融资活动的主体不仅有买卖双方和金融机构，还包括第三方物流。因为运送的货物本身成了借贷的抵押物，物流如果不靠谱，那融资将面临很大的风险。因此，如果要顺利开展物流金融业务，需要注意两点：第一，要保证对货物运送全程的绝对掌控，不然有可能财货两空；第二，要保证买家拿到货了肯定会付钱，不然手里压着半成品没人要，变现也成了问题。也就是说，开展物流金融需既掌控物流过程又了解交易性质，这就需要流动性提供方能够充分参与供应链运营，并嵌入到供应链的交易协作体系之内。

银行并不参与供应链运营，自身无法具备以上两点，但长期游走于供应链上下游的第三方物流却充分具备，所以有些银行在物流金融中会选择跟物流公司合作，以求取长补短、降低风险。因此在物流金融中，一般是第三方物流公司扮演着平台提供方，在一些情境下还兼风险管理方；银行通常充当流动性提供方，有时候也与第三方物流共同发挥风险管理方的作用。

物流金融案例

现在很多有实力的第三方物流公司本身也开展了物流金融业

务，用自己运送的货物为自己的融资做抵押，这样便可以形成一个闭合式交易，既不怕丢货，又不怕毁约。下面借用美国 UPS 的真实的业务融资模式，了解一下由第三方物流主导的物流金融业务大致的运作流程。

UPS（United Parcel Service of America）是美国最大的物流企业。2000 年它并购了美国第一国际银行，成立了自己的金融服务子公司——UPS Capital，专门为客户提供基于自身物流网络的融资业务，包括现金流改善、保险，以及账款管理等。现金流改善业务包括"全球动产借贷"（global asset-based lending）以及"货物融资"（UPS capital cargo financing）。前者是针对从海外采购的美国本土进口商，后者是面向美国进口商的海外供应商或生产商。尽管这两项业务都对客户资质有比较严格的限定，但共同点是货物运送的每个环节必须全部在 UPS 的物流网络上完成。

以 UPS 的货物融资为例，假设在沃尔玛和老干妈的交易中，交易双方如果需要 UPS 的物流融资服务，则需要遵循以下流程：首先，沃尔玛要申请加入 UPS Capital 的货物融资计划，并提供海外供应商名单，达成三方合作协议。然后，沃尔玛跟老干妈签订海外采购合同，沃尔玛形成对老干妈的应付账款。接下来，老干妈要把这次交易的全球物流业务外包给 UPS，这样就能够以货物为担保，从 UPS Capital 那里获得融资，填补因物流时间差造成的资金缺口。在这之后，UPS 负责所有的物流环节，包括质检、海运、通关清关、仓储，以及当地的陆上运输配送等等，最终把这一万瓶辣椒酱顺利送交给沃尔玛，然后跟沃尔玛结算，从沃尔玛那里获得应付货款以及其他的相关费用（见图2-2）。

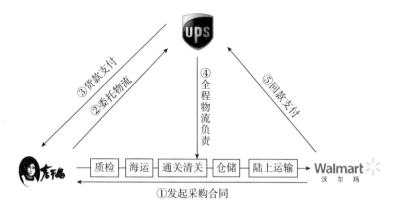

图 2-2　UPS物流金融业务示意图

在这个案例中，UPS同时充当了平台提供方、风险管理方和流动性提供方，以本国的进口商为依托，向海外的上游供应链提供全面的物流融资方案。UPS通过提供一整套的物流服务，对抵押的在途货物进行全程监控，这是开展物流金融业务的基础。

贸易金融的基因：时间就是金钱

供应链金融的另一个基因是贸易金融。开展物流金融要依托于物流，也就是交易过程中的货物流动；而开展贸易金融则要依托于商流，也就是交易中的价值流通。贸易金融是在贸易双方债务债权关系的基础上，为商品和服务贸易提供的贯穿贸易活动整个价值链的全面金融服务。一般情况下，贸易金融业务包括贸易结算、贸易融资等基础服务，以及信用担保、保值避险、财务管理等增值服务。其中，贸易融资主要是基于供应链上下游的真实交易，为买卖双方提供资金融通，既满足双方各自的正常运营，又保证交易本身更加顺畅。

假设买卖双方要达成一笔交易，其中买方具有更强的议价能力，它要求卖方先发货，两个月后再支付货款，并给卖方出具一个到期支付货款的凭证。这样就形成了卖方的应收账款，卖方在这两个月中的资金缺口也就此形成。如果这时候有个金融机构对卖方说，你把这笔应收账款的凭证打个折转让给我，我马上给你折现；然后又对买方说，我把你开具的应付凭证买过来了，你到期后直接把这笔货款支付给我。这就是最常见的一种应收账款融资——保理（见图 2-3）。通过这个方法，卖方虽然遭受了一点损失，却可以及时回款，赢得了时间；买方也维持了它的支付周期，反正钱付给谁都一样；金融机构在这里面赚取差价，另外还可以收取一些手续费、服务费，或者推销个理财产品什么的。

在这种融资方式中，表面上是转让应收账款，本质上转让的是交易中的价值。应收账款的票据本身代表了未来的预期收入，这个预期收入就是价值的体现。所以说，开展贸易金融业务的基础是交易双方价值的流转，即上下游交易过程中的商流。在贸易融资里，涉及的主要成员是买卖双方和金融机构，第三方物流的作用并不明显。只要是实实在在的商业行为，而且交易双方都有信用，金融机构就可以开展贸易金融业务了。可金融机构要确保买卖双方不是合伙骗钱却是个技术活，总的来说需要满足两点：

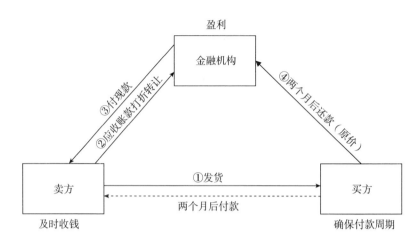

图 2 - 3 贸易金融的基本流程

一是保证还款来源的自偿性；二是对交易双方的信用评估。

还款来源自偿性，就是银行借给企业的钱可以通过某种机制自动偿还。比如通过授信方案的设计，将融资企业销售的收入自动导回银行的特定账户中归还贷款（或作为归还授信的保证）。而且，这种借贷融资通常是基于某次单独的、具体的交易活动，一次交易对应一笔融资，还钱的时候专款专用，不牵扯企业的其他资金。对交易双方的信用评估，不但需要交易双方具备一定的资质，还要能够提供过去一段时期内与交易相关的各类信息，金融机构依据这些信息，通过一定的评估方法和评价标准，对交易双方进行信用评估，个别情况下还需要与交易双方进行直接沟通。另外，金融机构还需审核本次融资相关票据和文件的真实性。

所以，要开展贸易金融业务，仍然需要嵌入供应链的运营网络中，充分了解供应链上下游间的交易机制。在这里，金融机构本身既充当流动性提供方，又充当风险管理方。当金融机构不参与供应链运营时，往往会选择与内部成员展开合作，以求规避风险、操作顺畅。

贸易金融案例

下面还是借用美国 UPS 的真实的业务融资模式，了解一下贸易金融业务大致的运作流程。假设苹果公司生产手机需要向三星采购芯片，但苹果要求三星赊销，三星先发货，苹果一个月之后付款。这时候，三星如果要填补这一个月的资金缺口，就需要通过 UPS Capital 推出的"应收账款管理解决方案"（receivables management solution）来获取贸易融资。但这有个前提，就是苹果和三星作为交易双方，必须加入 UPS Capital 指定的电子交换系统，并在系统上进行各类文件数据的接收和传递。

首先，三星跟苹果之间形成交易意向，三星在此基础上向 UPS Capital 传递各类交易信息和数据，向其申请保理，并将应收账款的目标客户名单（本案例中特指苹果）告知 UPS Capital。其次，指定的下游客户（即苹果）提交各类信息给 UPS Capital，确认承担这笔货款。再次，UPS Capital 对苹果的确认信息和信用进行审核评估，并在此后向苹果反馈结果（批不批准加入计划），同时三星知会苹果的资质水平；然后，三星先给苹果发货，双方形成交易，产生应收账款。在这期间，产生的任何纠纷需要交易双方自行协商解决，并将最终达成的协议和相关单据在 5 个

工作日内传递给 UPS Capital，并提供物流凭证。最后，UPS
Capital 在完成对资料信息的审核后向三星贴现，等一个月后到了
苹果支付货款的日子，UPS Capital 跟苹果结算，并获得相应收
益（见图 2-4）。

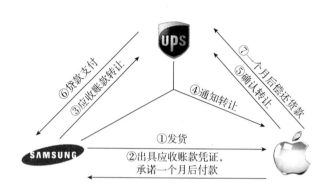

图 2-4　UPS 贸易金融业务示意图

在该案例中，融资活动的依据就是这笔真实交易中的应收账
款，UPS Capital 同时充当了平台提供方、风险管理方和流动性
提供方。虽然三星和苹果之间的芯片贸易也肯定有物流环节，但
这不是 UPS Capital 最关心的，它最关心的这笔交易是不是真实
的，应收账款的票据到期后能不能顺利变现。

物流金融与贸易金融的差异：两种基因的形式和机理

物流金融和贸易金融作为供应链金融的两个基因，就像是我
国古代中原的农耕文明和北方的游牧文明，经过长期的交流磨

合、相互借鉴，共同衍生出今天的中华文明。这两种金融业务共同演变出了供应链金融，虽有共性，却也存在若干差异，了解这些差异有助于我们更清楚地辨析供应链金融的前世今生。

物流金融与贸易金融的形式差异

首先，服务基础的差异。两者虽然都是为交易双方提供支付、结算、信贷、担保等金融服务，但物流金融是以运送中的货物本身为基础，通过货物运送的时间差开展的一种融资模式。开展物流金融业务的关键除了交易双方的信用，就是对整个物流过程的管控。贸易金融是在买卖双方真实交易的基础上，通过发货和付款的时间差开展的一种融资模式，本质上是一种价值的流转。开展贸易金融业务的关键，除了确保双方的信用，就是保证还款来源的自偿性。

其次，偿还方式的差异。两者虽然都是基于上下游企业间的真实交易，但物流金融的还款来源更加侧重于物流服务，以及对货物的控制和管理。贸易金融一般是以授信的方式，基于单次交易提供短期金融产品，以交易本身所产生的确定的未来现金流作为直接的还款来源。

再次，收益来源的差异。物流金融的收益主要包括：物流融资借贷的利息净收入、货物监管仓储运输等物流活动所产生的服务费用，以及向客户企业提供的其他衍生性服务收益（比如一些专业技能性服务的服务费、手续费等）。贸易金融的收益主要包括：贸易融资借贷的净利息收入、促成上下游交易达成的中间业务收益（包括手续费、汇兑收入等）、资金交易的佣金收入。由于进出口商要规避汇率和利率波动的风险，通常会委托金融机构做一些保值性的外汇交易，金融机构还可从中抽取佣金。另外，两者都可以在融资过程中销售一些基金、理财之类的金融产品。

最后，业务模式主体构成的差异。物流金融除了交易双方和金融机构，最大的特点就是会涉及第三方物流，第三方物流往往发挥了平台提供方和风险管理方的作用（如前例中的 UPS）；物流公司如果实力足够强大，也会发挥流动性提供方的作用（如UPS 的子公司 UPS Capital）。在贸易金融中，由于对掌控物流过程的要求并不高，所以充当平台提供方和风险管理方的主体，既可以是第三方物流，也可以是商业银行、焦点企业等其他主体。

物流金融与贸易金融的机理差异

供应链金融是一种集物流运作、商业运作和金融管理于一体的商业运营活动，之所以说供应链金融是从物流金融和贸易金融中演化而来，可以从物流梯度、商流梯度和信息梯度这三个维度来理解。

物流梯度，也就是物流活动的层级，是指金融业务与物流专业领域的结合程度。随着现代经济的发展和技术的提高，物流服务已经不仅局限于货物在空间上的移动（如运输、仓储、分拣、配送等），这样的物流活动层级较低；一些物流企业开始根据客户需求，提供一站式、个性化的、综合性物流服务方案，这需要很强的物流管理能力。比如后文案例中的厦门弘信，为了迎合客户的长期物流需求，专门为客户建立了一套"物流整合一体化方案"，帮助客户大大降低了生产和运营成本。

商流梯度，也就是商流活动的层级，是金融业务在交易过程中商品价值的创造和传递的程度。跟物流比起来，商流的概念不太容易理解。以商贸公司为例，商贸公司本身不进行生产，它只是产品的搬运工，但如果涉及的仅是产品交易环节，这样的商流活动的层级较低。商贸公司如果要提高商流活动的层级，就需要根据不同客户的具体情况，帮助客户降低生产运营成本、扩大销售，为客户提供"开源节流"的服务方案，主要表现在产品开发、组织采购、质量管理、流程改进等环节。比如后文案例中的深圳创捷，就是利用特有的管理系统为客户提供了一体化的生产性服务。

信息梯度，就是信息聚合的层级，它不仅包括信息来源的多样化程度（即对不同类型参与者的信息整合），还包括信息的广度、长度和频度。广度是指对供应链中纷繁复杂的各类信息的整合程度；长度是指信息在供应链中的延伸程度，即对上游的上游，以及下游的下游信息的获取和整合；频度是指各类信息的更新频率，交易信息更新得越频繁，说明效率越高。总体来说，就是需要海陆空、全方位、多维度的信息整合，整合程度越高，信息梯度越高。

结合物流活动层级、商流活动层级和信息聚合层级这三个维度，我们可以得到这样一个模型：物流金融的物流梯度较高、商流梯度较低，也就是说物流金融的收益来源和风险控制更依赖于对物流过程的控制，相应的信息整合也是更加侧重于物流信息；贸易金融的收益和风控则更依赖于商流的介入和管理，因而更加倾向于提升交易信息的聚合程度。也就是说，物流金融的重点是对物流的把控，商流在这里面是打辅助的；而贸易金融的重点是对商流的把控，物流在这里面是打辅助的。

在此基础上，供应链金融正是融合了这两种金融业务的长处，即同时掌控上下游交易过程中的物流和商流，发挥两者的乘数效应，开展综合性的金融业务。因此，供应链金融的信息梯度很高，既要整合物流中的流程操作的相关信息，又要整合商流中价值提升的相关信息。由此可知，物流金融、贸易金融，以及供应链金融是三种关系十分紧密的业务模式，后者继承了前两者各自的优良传统。尽管三者在业务模式上有所差异，但都是对供应链上需要现金流的企业提供综合性的融资方案，促进供应链上下游之间的协同顺畅，实现多方共赢（见图2-5）。

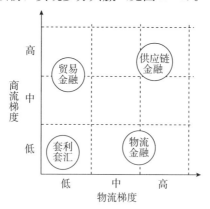

图2-5　物流金融、贸易金融、供应链金融辨析

不管黑猫白猫，抓住老鼠就是好猫。在为供应链上下游交易提供金融服务时，我们暂且不必纠结于三种金融业务概念上的差别，也无须拘泥于理论上的条条框框，应具体问题具体分析，结合实际的交易情境有针对性地制定一套切实可行的金融方案。

此外，现实中还存在一种资金运作形式，既不涉及高层级的物流活动，也不涉及高层级的商流活动，信息聚合更是无从谈起。尽管这种方式也时常被冠以"供应链金融"的名号，但其运作的套路跟供应链管理基本没什么关系，而是在特定时期、特定区域钻政策漏洞的一种金融投机行为，这就是套利套汇。

套利套汇：不为结婚的恋爱都是耍流氓

供应链金融同时重视对物流梯度和商流梯度的提升，并以此来提升信息梯度，但套利和套汇的资金运作却与此大相径庭。尽管这类资金运作形式也囊括了交易双方的货物运送、资金运营，以及通关报关等环节，但本质上是利用左手出右手进的虚假交易，以剑走偏锋的方式获取不正当收益。

套利，原本是指交易者将手中利率较低的货币，换成另一种利率较高的货币，利用不同币种之间的利率差从中获取收益的行为。比如，日元在日本国内的存款利率较低，美元在美国国内的存款利率较高，这样就可以将手中的日元换成美元后存到美国的银行去，等存款到期了再换回日元，这样就比直接存在日本的银行获得更多的利息收益。

套汇，原本是利用不同外汇市场上的外汇差价或汇率变化，将外汇买入卖出，通过汇率差来获得收益的行为。比如，当美元对人民币的汇率较高时（1∶6.8），用手中的人民币买入美元；当美元对人民币的汇率较低时（1∶7.2），再将美元卖出换回人民币，从而通过汇率的波动获得收益。

套利和套汇活动本身无可厚非，是一种正常的金融性套期保值行为。但通过把一批货物在境内外转一圈，以此赚得利差和汇差，就是一种变相的耍流氓行为了。这种套利套汇贸易，是在境内外金融体制差异较大的背景下，钻某些进出口优惠政策的漏洞，通过设立在境外的皮包公司和金融机构，套取境内外利差和汇差的虚假贸易。这种套利套汇的运作背景可以归纳为三个方面：宏观经济背景、地域差异背景和政策制度背景。

宏观经济背景

2009 年，我国政府在上海、广州、深圳、珠海和东莞开展了跨境贸易人民币结算的试点。跨境贸易人民币结算，简单地说就是国家允许一部分符合条件的企业，在国外跟外国人做生意时，可以用人民币结算。以往在一般的国际贸易中，买卖双方大都是用美元来结算的，即使是朝鲜和伊朗这两个跟美国最不对付的国家，它们的国际贸易结算货币也通常是美元。因此，跨境贸易人民币结算不但有利于中国企业的出口，也避免了中国出口企业因汇率浮动带来的损失，更是人民币国际化的重要一步。厉害了，我的国！硬生生地分走了美元的一杯羹。

假定一家中国企业 A 要把产品卖给一家外国企业 B，B 要付给 A 美元。因为国际贸易中，从最初签订合同到最后支付货款需要间隔一段时间，这段时间内国际外汇市场上美元对人民币的汇率飘忽不定，结果就是到最后结算的时候，有可能 B 支付给 A 等价的美元，A 却换不回当初等量的人民币。如果实现人民币跨境交易，就可以避免这种风险。也就是说，当中国人和外国人做生意时，可以理直气壮地说"哥只要人民币"。

我国是全世界数一数二的贸易大国，开放了跨境贸易人民币结算后，以人民币结算的跨境贸易量飞速发展，境外外汇市场对人民币的需求增加；与此同时，目前我国尚未放开对汇率的管制，境内外汇市场的人民币汇率仍存在政府调控因素。如此一来，境外外汇市场的人民币（离岸人民币）和境内外汇市场的人民币（在岸人民币）出现了汇率差。以香港和内地为例，就同时存在两个外汇市场和两个人民币汇率，但因地理上的邻近和每年巨大的贸易量，资金可以在两地方便地跨境流动，这就为套汇活动提供了条件。

前些年美国的量化宽松政策，导致了较大的美元利率波动，这也为套利活动提供了条件。量化宽松，是指中央银行（美联储）在实行零利率或近似零利率的政策后，通过向政府购买国债等中长期债券，增加货币供给，向市场注入大量流动性资金。简单地说，就是美国政府缺钱了，通过发行国债借钱，美联储就通过买国债的方式借给政府钱，但美联储买国债的钱从哪来？印呗。所以量化宽松也被形容为间接地增印钞票，是一种有节制的耍无赖行为。美国先后在 2008 年 11 月、2010 年 11 月、2012 年 9 月和 11 月耍了四次无赖，并且因为美联储将短期利率维持在一个较低的水平，这样便降低了商业银行的借贷成本。这样一来，中国的境外利率低于国内利率，就又为套利活动提供了条件。

政策制度背景

近年来，政府为了促进国际贸易的发展，推行了很多鼓励出口的措施，其中最具代表性的当属保税区、保税库制度。保税区，又称保税仓库区，是经海关设置或经海关批准注册、受海关监督和管理的，可以较长时间存储贸易商品的区域。

一般情况下，货物如果进入我国领土范围，一般都会涉及报关通关、检验、关税等等一系列复杂手续，但随着我国融入国际贸易的程度越来越深，很多时候交易的货物只是在我国进行一些转场、集散、寄存、维修，然后再出境，如此一进一出，本没必要经历复杂的进出口手续，况且在境内的短暂停留不会形成商品流通，却需要企业担负较高的流通成本。保税区就是针对这种情况设立的，这里面聚集了大量跟物流和贸易相关的配套设施，可以存储、改装、分类、混合、展览，以及加工制造，但这些活动都要处在海关的监管范围内。

可以简单地把保税区看作是一个在海关监管之下的、虚拟的境外货物集散地。外国商品存入保税区不用缴纳关税，只需缴纳少量的存储等相关费用，并且可以自由出口；货物如果进入国内销售，就要按正常进口办理报关手续，并按货物实际状态征税；

国内货物进入保税区视同出口，实行出口退税；保税区内企业之间的交易免缴增值税和消费税。另外，专门存放经海关核准的保税货物的仓库称为保税库，用于存放供来料加工、加工之后再出口的货物，以及外商短时间的寄存货物、转口货物、供国际船舶航行的燃料、维修零配件和免税品等。

保税区和保税库制度实现了国际贸易的便捷高效，降低了国际贸易中的物流成本，促进了我国的经贸发展。但就有些歪嘴和尚念歪了好经，他们利用国家通关的优惠政策和保税区制度，加上自身的资质条件，与其他企业串谋制造虚拟贸易（业界称为"货物空转"），利用境内外的汇差和利差谋利，更有甚者违法骗取出口退税、进口低报逃税。

地域差异背景

在我国，地域差异也为套利套汇提供了便利条件，尤其是具有产业互补性的相邻两地。这里我们要明确一个概念——产业集群，产业集群是在特定的区域中，具有竞争与合作关系的很多企业集中在一起，由交互关联性的企业、专业化供应商、服务提供商、金融机构、相关产业的厂商等形成的地理群落。在产业集群中，彼此间虽有竞争，更有分工和协同，是一个组团打怪的状态。同行和配套产业的企业聚集在一起，可以方便地形成人员、技术、信息、资金、原材料等生产要素的流通，大家彼此你来我往，水涨船高，形成一种商业互补，这就是产业集群效应。当前我国的产业集聚主要分布在珠三角、长三角、环渤海这三大经济区域，另外还有一些产业集群因历史原因或独特的地理优势，分布于中部、西南、西北、东北等地区（见表2-1）。

表2-1   我国主要产业集群分布

区域	地区（相关产业）
珠三角	东莞（电脑）、惠州（电子信息）、顺德（家用电器）、石湾（陶瓷）、澄海（玩具）、潮阳（针织品）、古镇（灯饰）、江门（摩托车配件）、新会（不锈钢器具）、南海（布绒玩具）、深圳（IT科技、金融服务）
长三角	苏州（高科技）、绍兴（轻纺）、海宁（皮革）、嵊州（领带）、永康（五金）、乐清（低压电器）、诸暨（袜业）、萧山（化纤）、宁波（服装）、余姚（模具）、永嘉（纽扣）、平阳（塑料编织）、苍南（标牌）、平湖（箱包）、温州（鞋革、服装）、湖州（童装）、桐乡（羊毛衫）、晋江（旅游鞋）、临海（彩灯）、衢州（羽毛球）
环渤海	寿光（水果蔬菜）、文登（工艺家纺）、清河（羊绒）、辛集（皮革）、白沟（箱包）、胜芳（金属玻璃家具）、中关村（高科技）、安国（中药）
其他地区	湖北－武汉（光电子）、湖南－浏阳（花炮）、江西－赣州（稀土新材料）、陕西－鄂邑（纸箱）、四川－夹江（陶瓷）、重庆（摩托车）、吉林－长春（汽车、光电子信息）、黑龙江－大庆（石化）

产业集群中的企业因为地理毗邻和长期协作，形成了熟识的关系，相互很容易形成借贷，这就在一定程度上弥补了信息不对称造成的融资困难。如果两个地区能够实现产业的关联互补，就能实现两个地区的共同发展。香港和深圳就是这种相互协同、共同发展的两个地区。香港是亚太地区的贸易、金融和航运中心，

金融、保险、物流、法律、商旅等服务业基础设施完善；深圳作为改革开放的桥头堡，直接与香港对接，商贸、物流、高科技等领域发展迅速，吸引了大量外资金融机构的进驻。因此，深港两地在商贸、金融、物流等方面具备很强的互补性，尤其是《关于建立更紧密经贸关系的安排》（CEPA）出台之后，两地间的人员、物资、信息、资金等要素的往来更加密切，地域的整合度更高。

但由于历史原因，深港两地从属于不同的金融体系，金融制度不同，金融市场的成熟度和监管力度也存在差异。因此，在地理邻近和产业互补的基础上，一些企业利用这些差异导致的制度缝隙，通过境外金融机构和关联企业的配合，形成虚假交易，谋取资金收益。

套利贸易：不同体制的利率拼缝

套利贸易的基础是国际间的利率差，如果是跨国交易，就肯定会牵扯到用不同货币结算的问题，不同国家间的利率是不一样的。这时候，有些人就会利用虚假的国际贸易赚取利率差收益。这本身就是钻政策和法律的漏洞，很多企业却还偏偏要立个供应链金融的牌坊，这样不仅会扰乱行业秩序、攫取国家利益，还会败坏供应链金融的名声。下面我们通过一个简单的案例，看看这种套利贸易是怎么玩的。

国际贸易结算往往会用到信用证，信用证其实是一种结算方式，可以简单地把它理解成企业在银行那里的支付宝。比如，中国企业要从美国企业那里进口一批粮食，但这两个企业都不信任对方，那么这时候中国的进口企业就先在中国这边的银行里存一笔钱，或者抵押个什么东西，请这个中国的银行在美国的分行帮自己开一个保证付钱的证明，等美国企业把这批粮食发出去后，拿着已经发货的票据去找美国分行要钱，美国分行再把货款付给它（见图2-6）。就像在电商平台上买东西，买家怕付钱了卖家不发货，卖家怕发货了买家不付钱，那买家就先把钱放到支付宝上，等卖家发完货、买家确认收货了，支付宝再把钱转给卖家。信用证就是这个道理，两个银行可能是上下级关系，也可能是合作关系。

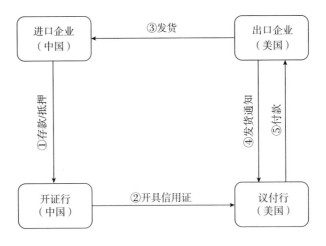

图2-6 国际信用证交易的基本流程

明白了信用证的概念，我们假设几个前提。近年来，美元对人民币的汇率大概是 1∶6，中国的定期存款利率大概是 3％左右，美国的贴现利率是 1％左右。也就是说，中国的定期存款利率比美国的贴现利率要高。

在这个背景下，中国的一家公司 A 要套利，首先要在美国设立个皮包公司 B；然后，A 公司在中国国内的 X 银行里存 6 万元人民币做抵押，请 X 银行通过美国的 Y 银行开个一年的、额度为 6 万元人民币的远期信用证。也就是说，现在先不付这 6 万元人民币的货款，但是保证一年以后肯定支付。

接下来，A 公司从美国的 B 公司那里进口一批价值 6 万元人民币的货物，然后开个一年以后再把这 6 万元人民币付给 B 公司的凭证，这样就形成了进口，这个凭证就叫远期汇票。也就是说，B 公司一年以后可以拿着这个远期汇票去银行把 6 万元人民币的货款取出来。接下来，B 公司拿这 6 万元人民币的远期汇票再找到美国的 Y 银行，6 万元人民币等于 1 万美元，B 公司把汇票转让 Y 银行，Y 银行扣掉 1％的贴现利息，这样 B 公司就马上得到了 9 900 美元，这个过程就叫贴现，扣掉的那 1％的利息就是贴现利率。再然后，B 公司在美国把这 9 900 美元，按照 1∶6 的汇率，换成 59 400 元人民币，再用这些人民币从 A 公司那里再把当初那批货物买回来，这又形成了 A 公司的出口。最后，A 公司拿着回流的这 59 400 元人民币，在中国的任何银行存个一年的定期，赚一年 3％的利息，等一年之后，就能取出 61 182 元人民币了。并且一年后，A 公司通过前面的远期信用证，把当初 6 万元的货款转给 Y 银行兑现，剩下的 1 182 元人民币就是它净赚的了。这里还要注意，A 公司当初就存在 X 银行 6 万元人民币，还能再拿一道 3% 的利率收益，总利率收益是 2 982 元，再加上汇率浮动，它再买点理财产品、放点小额贷款什么的，还会赚得更多（见图 2-7）。

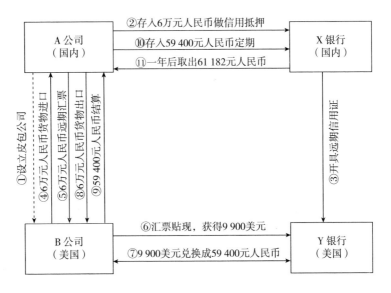

图 2-7 套利贸易的基本套路

A 公司这种方式虽然跟贸易和物流有关，但同一批货物在两地公司之间转一圈，根本就不是真实贸易。很多时候甚至都不用货物通关，买卖提单就把事给办了，这种交易跟国际产业分工一毛钱关系都没有，还会扰乱正常的金融秩序，甚至利用进出口骗取国家退税。国家设立保税区制度，本来是为了方便进出口贸易，可也方便了这帮货，连国际物流都省了，有时候一批货物跨条马路转一圈就行了。

套汇贸易：外汇管制引发的"血案"

套汇本来是利用不同外汇市场的外汇差价或是汇率变化，在一个外汇市场上买进一种货币，然后在另一个外汇市场上把这种货币再卖出去，从中赚取差价的行为，也就是常说的炒外汇。这本无可厚非，而且是需要一定技术含量的，不但需要了解经济局势、大政方针，还要懂得计量分析和专业知识。但是，套汇贸易却是一种虚构的贸易往来，有些企业利用国家通关的优惠政策，加上自身的一些便利条件，跟境内外的其他企业串谋起来，利用境内外货币的汇率差来牟利。更过分的，在这过程中，有些企业还骗取出口退税。

在这之前我们先了解两个概念：在岸人民币汇率和离岸人民币汇率。在岸人民币，就是在中国境内的人民币；在岸人民币汇率，就是指在中国境内人民币对其他货币的汇率，比如美元、欧元、日元什么的。离岸人民币，就是在中国境外的人民币，包括港澳台地区；离岸人民币汇率，就是指在中国境内以外的人民币跟其他货币的汇率。

因为我们国家对外汇汇率实行管制，所以境内人民币的汇率是受央行控制的，但是境外人民币的汇率就完全是市场价了。打个比方，这里把人民币理解成一件商品，在境内这个商品的价格由政府决定，央行说这个商品值多少美元，它就值多少美元，说它值多少欧元，它就值多少欧元；但是境外央行就管不到了，所以境外的这个商品值多少美元欧元，完全看供需，需求大了价格就涨，需求小了价格就跌。

一般情况下，在岸人民币汇率和离岸人民币汇率的差价相差无几，但这个差价也会受很多事件的影响，比如"一带一路"啦、欧债危机啦、安倍拜鬼啦、特朗普要无赖啦等等。在 2013年 1 月份，因为境外的外汇市场对人民币的需求暴涨，离岸人民币比在岸人民币贵出 0.6%，就是说，如果我用 1 万美元在中国境内能换 6 万元人民币，在境外的外汇市场要换 6 万元人民币，就要多花 60 美元了。

下面我们通过一个简单的例子，来了解一下通过贸易套汇是怎么玩的。这里我们假定在岸人民币对美元的汇率是 6∶1，在2013 年离岸人民币对美元的汇率是 5.96∶1，离岸人民币比在岸人民币能换更多的美元。

在这个背景下，中国境内有一个 A 公司，它首先在境内借到100 万美元，按 6∶1 的比例换成 600 万元人民币，然后从境外进口一种物流成本最低的货物，随便什么都行，用这 600 万元人民币支付，这样这笔人民币就流到境外去了。然后，境外的 B 公司，说它是合伙人也好，皮包公司也罢，把这 600 万元人民币按 5.96∶1 的汇率换成美元，得到 100 万 6 711.4 美元。再然后，A 公司把之前进口的那批货物，再买给这个 B 公司，B 公司用这 100 万 6 711.4美元支付，这样 A 公司原来的 100 万美元就多了 6 711.4 美元，还了之前借来的 100 万美元，剩下的在境内换成人民币，净赚 4 万多元人民币（见图 2-8）。

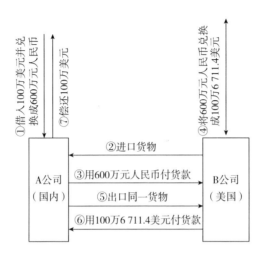

图 2-8　套汇贸易的基本套路

　　这种套汇不像套利还有个时间差，所以来钱更快，而且很多时候这种套路可以来回循环，同一批货物，每转一圈就获一次利。但是耍流氓也不能太明显，所以很多时候境外的皮包公司也不能只有一家，就是说境内公司把货物出口给 B 公司，再从 C 公司那里进口，这批货物在 B 和 C 那里做做样子交易一下。

　　不管是套利还是套汇，都是在特定时期、特定状况下的一种牟利方法，一旦利差和汇差消失，这种作弊模式就不存在了。随着我们国家开放程度越来越高，对进出口贸易的监察越来越严格，这种流氓模式早晚会消失。特别是国家"金税三期"系统上线，工商海关全面联网，对财税票据和商品编码的检查力度空前强大，而且还能追溯以前的贸易数据，套利套汇这种流氓贸易不但不好做了，国家还有可能找你秋后算账呢。所以嘛，出来混，迟早是要还的，与其以供应链金融为幌子，不如扎扎实实地开展真正的物流金融、贸易金融或者供应链金融业务，真正参与到产业分工中创造价值，才是正道。

小结

供应链金融有两个基因：物流金融和贸易金融。物流金融是卖方用运送中的货物作为信贷融资的抵押，金融机构先把货款付给卖方，然后在买方接收这批货物之后，再把货款还给金融机构，重点是对整个物流过程的管控；贸易金融是在真实交易的基础上，通过发货和付款的时间差开展的一种融资模式，重点是确保买卖双方的商业信用。贸易金融的重点是对交易活动的把控，物流金融的重点是对货物的把控，而供应链金融同时重视物流和商流。另一种既不重视物流也不重视商流的虚假金融手段，实际上是利用宏观经济、政策制度和地理产业等背景因素，左手出右手进的虚假交易，本质上是套利和套汇。套利贸易是通过同一批货物，出口进口转一圈，赚取两地之间的利率差；套汇贸易是通过同一批货物的进口出口，把人民币流出流入，在这个过程中利用境内外的汇率差，赚取差价。

第3章 应收账款融资模式

供应链金融重视对物流和商流的把控，同时兼具物流金融和贸易金融的特点。在此基础上，形成了当下三种最具代表性的供应链融资模式：应收账款融资、预付款融资和库存融资。应收账款融资，就是用未来收取的货款作为还款来源的融资模式，卖方先把货物提供给买方，买方过段时间再付货款，那么这笔货款，就是卖方的应收账款。本章我们先来了解一下应收账款融资。

保理：三角债是怎样炼成的？

保理本质上是一种债权的转让，是保理商从债权人手中买入对债务人的应收账款，同时提供与此相关的其他金融服务。在供应链金融中，保理商可以理解成银行这类金融机构，债权人一般是交易中的卖方，也就是供应商，债务人一般是买方，也就是采购方。

保理业务有很多种分类，最常见的就是按有没有追索权分成买断保理和回购保理。两者最大的区别就是一旦买方不认账了，这个锅谁来背。买断保理就是金融机构把应收账款买断了，先把款项付给卖方，等到期了再向买方收钱；就算买方赖账不还钱，金融机构也不能找卖家秋后算账，只能自己想办法解决。所以，买断保理的风险比较大，对买家的信用要求很高。

回购保理就是金融机构先把货款付给卖方，一旦账款到期了从买家那里收不回钱，可以向卖方追索，你这破账款我不要了，你当初拿了我的给我送回来，吃了我的给我吐出来。所以，回购保理的风险比买断保理要小一些，收益一般也会低一些。

如果只看基本的业务流程，保理大体上和贸易融资中的应收账款融资类似，其实就是一种三角债关系。假设一个中小企业供应商向它的下游客户赊销，客户承诺三个月后支付货款，在这种情况下，如果银行向这个供应商提供保理服务，首先需要供应商与下游客户达成赊销协议，形成应收账款。在这个前提下，供应商向银行转让应收账款。然后，供应商和银行通知下游企业账款转让的消息，下游企业跟它们各自确认；在各方都确认无误后，银行向供应商放款；等到三个月后，银行再向下游企业回收货款（见图3-1）。在这个过程中，银行是要向供应商赚取差价和利息的，另外再提供一些杂七杂八的金融服务。

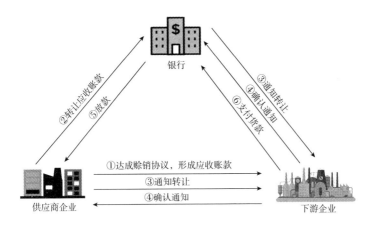

图 3-1　保理的基本流程

保理池融资：一堆三角债的打包打理

很多时候，供应商会把它在好几个买家那里的一大堆应收账款，一起打包转让给银行，这就形成了保理池。在这个保理池里，会涉及多个下游企业、不同的货款金额、不同的回款期限。银行利用自己的本职技能把账放到一起算，然后累计一个金额给这个供应商授信，授信额度不会超过累积金额。这种形式，对于这个供应商来说，可以把一大堆零散的应收账款放到一起，提高融资能力，还省去了多次保理的手续，有点像零存整取；对于银行来说，可以分散放贷的风险，毕竟所有买家都一起赖账的情况是不常见的。但银行需要充分掌控每笔交易的细节，并且对每个买家进行信用评估，信得过的应收账款就收，信不过的就不收，尽最大可能避免坏账。

现在国内的很多商业银行都提供保理池融资服务，银行需要跟下游企业一一打交道。首先，供应商企业向多家下游企业赊销，形成了多笔应收账款，这些交易不会是在同一时间进行的。在这个基础上，供应商向银行打包转让这些应收账款，并且和银行一道向每家下游客户通知账款转让的消息，这些下游客户也分别向供应商和银行进行确认。大家都确认无误后，银行根据保理池中的应收账款计算出一个累计金额，向这个供应商放款。然后，再根据每笔账款的期限，分别向不同的下游企业回收账款（见图3-2）。在实际中，提供保理融资服务的不仅仅是银行，很多其他的金融机构也开展了保理池融资业务，这些金融机构统称为保理商。

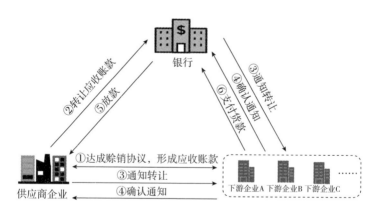

图3-2 保理池融资的基本流程

对保理商来说，保理池融资比单纯的保理要复杂。当涉及多个买家的时候,它需要分别对每个买家进行甄别,买家不但要信用记录良好,还要与供应商保持长期的合作关系。更重要的是一定要确保交易的真实性,还要能追踪和监控供应商的回款情况。总之就是保理商要用尽浑身解数,降低信息不对称,保证货款到期了能收回来。

反向保理:大饼的梦想照进现实

在保理和保理池模式的基础上,又发展出应收账款融资的另一种形式——反向保理。其实,反向保理跟保理差不多,最大的区别就是供应链中的焦点企业跟银行达成合作协议,焦点企业为上游需要融资的中小企业融资做背书,由于焦点企业的信用资质,银行可以放心地给中小企业放贷。

上游中小企业形成资金缺口的主要原因是其向下游大企业的赊销,供应商先发货,过段时间下游买家再付钱。供应商在这段时间里货没了、钱也没收到,只有一个应收账款的大饼,这就形成了一个悲摧的逻辑:中小企业越努力,销售额越高,实际的资金缺口就越大,应收账款的大饼就越大。这个大饼是下游买家给它画的,买家不是神笔马良,画得再好也不能马上从墙上拿下来。中小企业现在就饿,而且销量越大它越饿。

如果供应商是个好孩子,它努力地给下游客户赊销供货,下游客户认为如果资金缺口太大把供应商饿死了好像不太合适,而且合作这么长时间了,再找个新的供货商还要花时间磨合,交易成本很大。帮供应商一把可以有，前提是下游客户自己不能亏，马上支付货款是不存在的，那谁有现款？银行有。所以，反向保理其实就是下游客户给供应商画个大饼，然后找银行帮它照进现实。

根据上面的套路，我们来看看反向保理的业务流程。首先，买方企业跟上游供应商达成交易关系，产生应收账款。然后，买家跟银行签订合作协议，把应收账款转交给银行，银行对应收账款进行核查验证。随后，银行对供应商进行资质核查，看它到底是不是好孩子，有没有信用。接下来，如果应收账款和供应商通过了银行的信用核查，银行就可以向供应商放款了，这种放款一般都是贴现的形式，即银行并非支付全额货款，而是需要扣掉一些利息。最后，等到应收账款到期了，银行跟买家企业核算，买家向银行偿还货款（见图3-3）。银行在这里面充当了保理商的角色。

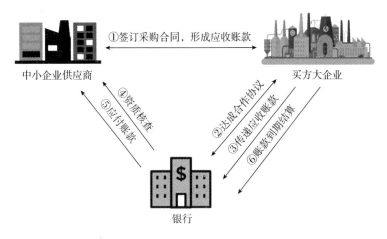

图 3-3　反向保理融资的基本流程

　　跟一般的保理相比，反向保理主要"反"在两个方面：第一，跟保理商打交道的主体，从上游的中小企业变成了下游的大企业，这个大企业未必是核心企业，而可能是供应链中的平台企业、商贸企业等，它们统称焦点企业，也就是在整个供应链协作体系中最具主导地位的成员；第二，保理商的信用审查对象不仅是拥有债务的下游客户，还更重视拥有债权的上游供应商，这样才能进一步降低借贷风险。

　　跟传统的保理融资相比，反向保理融资方式显得交易双方更有爱了，供应链上下游交易更和谐了。中小企业供应商的大饼虽然被保理商咬了一口（借贷利息），却能保证它马上就能吃到剩下的绝大部分；保理商也可以通过提供反向保理服务，咬一口人家的大饼；下游客户帮助供应商及时回款，保证了供应商的茁壮成长，强化了供应链上下游间的协作机制。

　　然而，不是所有供应商都能通过反向保理获得融资，开展反向保理，中小企业供应商和下游客户都要具备一定的资质。一方面，供应商与下游客户要有大量的、稳定的贸易往来，还要具有良好的信用，这样下游客户才会愿意帮它；另一方面，下游客户要对供应商充分了解，自身也要具备很强的付款能力，这样跟保理商才能有的聊。

融资租赁保理："地主"与"资本家"的混合双打

　　下面是应收账款融资的另一种形式——融资租赁保理。在这之前，我们要先要了解什么是融资租赁。比如说，村里有个穷小子叫张二狗，他看中了村里王地主家的三亩地，想要在上面种庄稼。但是王地主说这三亩地只卖不租，张二狗买不起，他想到远房的大表哥是个暴发户，就跟大表哥商量说："大表哥啊大表哥，你能不能把这三亩地买下来，租给我种庄稼，我每年给你交租。"大表哥一想，我能拉兄弟一把，还能收租金，这名利双收的事没有不干的道理，就愉快地答应了，还说："你也不用一直都给我交租，等你地租交够数了，这三亩地就是你的了。"就这样，大表哥买下了王地主家的三亩地租给张二狗，张二狗每年给大表哥交租。这样一来，王地主卖地，大表哥收租，张二狗勤勤恳恳种庄稼，期盼有朝一日自己变成这三亩地的主人。这个故事中，这三亩地的所有权先是从王地主转移到了大表哥手上，大表哥再把它租给张二狗，等二狗以后租金交够了又从大表哥手里获得所有权，相当于租地＋按揭。大表哥是出租人，张二狗是承租人，王地主是供货人（见图3-4）。

在产业供应链的情境中，一些生产企业需要某种大型装备来开展生产，但这种装备太昂贵，生产企业自己买不起，于是就找到租赁企业，要求租赁企业帮它购买这种装备后转租给它，它定期向租赁企业支付租金。但是这里面有个问题，就是租赁企业购买装备的资金，是一次性大量投入的；而承租方给租赁企业的租金，是分期支付的，租赁企业在短期内就会形成资金缺口。如果租赁企业实力弱一点，便没法开展一些大型装备的融资租赁业务，这样自己赚不到钱倒没什么，耽误了国家建设就不好了。

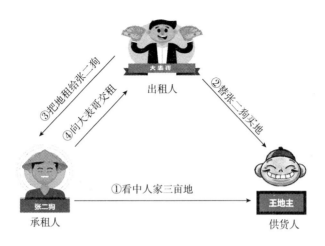

图 3 - 4　融资租赁保理的基本逻辑

融资租赁保理能解决这个问题。在承租方需要供应商的一台设备开展生产的前提下，首先，租赁企业跟供应商达成购买设备的交易，并且跟承租方签订融资租赁合同。然后，租赁企业向保理商申请保理业务，要求转让应收账款，也就是承租方定期的租金。随后，银行对租赁企业和承租方进行资质审核和信用评级，如果都合格，银行就可以跟租赁企业签订保理合同了。接下来，租赁企业通知承租方债权转让，告诉它以后的租金你就交给银行吧。再接下来，银行就可以给租赁企业融资了，以后承租方定期向银行支付这台设备的租金（见图 3 - 5）。

这样一来，供应商可以销售设备，承租方可以用设备开展生产，融资企业可以迅速回收资金，银行可以收租盈利，这就是融资租赁保理的大致流程。

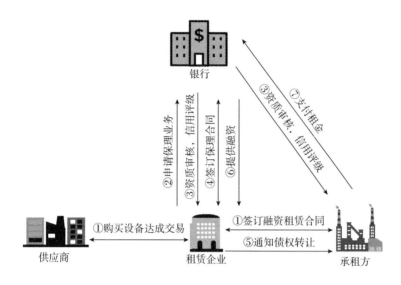

图 3-5　融资租赁保理的基本流程

这里面可能会有几个疑问，比如租赁企业先花钱购买设备，又从银行那里回收购买设备的钱，它这么忙活图个啥？图的是赚差价。那为啥银行不自己买设备出租呢？要租赁公司在中间干啥？因为银行只是"资本家"嘛，它了解金融，但不见得了解供应链的生产协作，这需要供应链上的"地主"在生产方式和交易流程上的把控。

承租方虽然向租赁公司支付租金，但这个租金不是无限期支付的，等支付的租金累积超过了购买设备的价格，租赁公司就会向承租方转让设备的所有权，毕竟它要这玩意也没用；而且承租方也不愿永远交租金，这不回到万恶的旧社会了么。所以，租金交够了就拥有这台设备了，这跟还房贷差不多。

　　这里要注意银行提供的是回购保理，还是买断保理。如果是回购保理，银行就对租赁余额有追索权。如果承租方停止向银行交租金了，租赁公司要回购租金债权，把剩下没交的租金给银行补上。如果是买断保理，那承租方以后向不向银行交租金，都没有租赁公司什么事了。

票据池融资：有钱的大管家

　　下面再说应收账款融资中的票据池融资模式。这里的票据指的是商业汇票，以及这些汇票的相关文本。汇票是在一定期限后可以变现的凭证，也可以理解为一种应收账款的凭证。比如供应商先发货，下游客户承诺三个月之后再付款，并给供应商开出一个三个月后到银行取钱的凭证，这个凭证就是汇票。供应商如果向好几个客户赊销，它就会得到很多汇票，这些汇票的开票人不一样，金额不一样，期限也不一样，除了收款人一样，其他啥都不一样。

　　这些汇票虽然可以在未来变现，但在当下它就是纸，而且还连带很多其他的纸。供应商看着这些纸上标注的金额，就像是凝望远方的姑娘，隐约望得见美丽的身姿，却说话听不见，伸手碰不到。那当下的孤单寂寞怎么办？票据池融资就是一个很好的解决方式。

　　票据池融资业务是金融机构提供的包括票据管理、托收、授信等一系列结算和融资服务，这里的金融机构一般是指银行。

如果企业手里握着一大堆商业汇票，以及这些汇票的相关文本，就需要管理这些票据，这会给它增加会计成本。如果企业把这些票据放到银行那里，银行会以更加专业高效的方式管理这些票据，有偿帮助企业节省管理成本。托收，就是委托收款的意思，汇票可以在以后到期了兑现，如果这时候汇票在银行那里，企业就可以让银行代替它回收到期的货款。授信，就是给付一定金额的承诺，因为企业把这些汇票放到银行那里了，银行就可以拿这些汇票作为质押给企业放款。银行原来就是个票据大管家，企业把一大堆票据都转交给银行打理，还可以让它干些跟票据有关的杂活。银行在这个过程中收取一些手续费、管理费之类的费用。

票据池融资的大概流程是：首先，供应商跟若干下游买方企业形成交易，这些买家分别给供应商开具汇票，附带着相关文本，形成一大堆商业票据。然后，供应商把这一大堆票据放到银行那里形成票据质押，这就在银行那里建立了一个票据池。再然后，供应商和银行通知那些下游客户，一一告诉它们你给我开的汇票放在银行那里了，等到期了你把钱付给银行。接下来，那些下游客户分别跟供应商和银行确认，告诉它们我知道这个事了；银行以这些票据的总金额为最高限额，向供应商授信。最后，之前的那些下游客户在各自的汇票到期时，分别向银行支付货款（见图 3-6）。

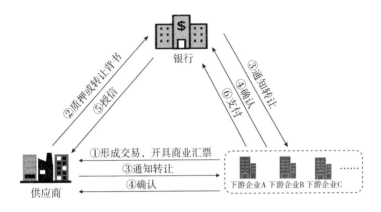

图 3 - 6　票据池融资的基本流程

把一大堆票据打包管理的业务模式之所以被称为票据池，是因为池子有进水口和出水口，池子里的水可以循环更换。票据池也是这样，一大堆票据，金额不一样，期限不一样，所以这一大堆票据的总额度会经常变化，有的汇票到期被兑现了，票据池的总金额就少了；又有新的汇票放进来了，票据池的总金额就又多了。

另外，汇票也是一种应收账款，票据池本质上也是把一大堆应收账款放到一起作为质押，它跟保理池最大的区别就是质押的不是同一种票据。票据池里面的是汇票，可以在到期之后直接变现；保理池里面的是发票，发票就是一个交易凭证，跟变现一毛钱关系没有。再有，汇票既能变现，又能转让；发票既不能变现，又不能转让，保理的应收账款转让，转让的是债权，不是发票。所以，跟发票相比，用汇票做质押，风险会小得多。

出口信用保险项下融资：祖国在你身后

前文的应收账款融资没有特定的交易范围，可以是国内贸易，也可以是国际贸易，那下面就要说一个应收账款融资的特殊形式——出口信用保险项下的应收账款融资。说它特殊，是因为这种形式一般只对出口企业比较适用，而且这个出口企业还必须已经买了出口信用保险。万一国外的进口商欠钱不还，保险公司会承担风险。

在国内的供应链交易中，交易双方通常处在同一个商业生态。在这个生态环境中，有政府的管制，有法律的保护，有行业的监督，有人民群众的明察秋毫，买方或者卖方的要无赖行为会受到多方面制约。但国际贸易则完全不同，两国的政府机构、行政体制、法律制度都不同，地理上还相隔千山万水。这种情况下采用赊销贸易的话，出口商发货之后，如果进口商到期不还钱，既没法报警，也没法打官司，所以通常情况下国际贸易中的赊销风险是很大的。即使采用信用证结算，也需要买方在所在地银行办理，有时候办理信用证的手续烦琐，周期也长。进口商如果处于交易的强势地位，就懒得去费那个劲，出口商如果是议价能力弱的一方就只能认怂。就算买方在当地银行办理信用证了，国外的银行偶尔要要无赖也是有可能的。

国际贸易危机四伏，出口就不能做了么？当然不是，出口信用保险就是解决这个问题的。中国的出口企业以赊销的方式把产品卖给国外进口商时，如果买一份出口信用保险的话，当国外进口商到时候要无赖不付款时，保险公司会把这个损失赔给这家出口企业。在这个前提下，出口企业就可以进行出口信用保险项下的应收账款融资了。这个项下，是三大纪律八项注意的项，也就是合约内容。

出口信用保险项下融资的大致流程为：首先，国内的出口企业跟国外的进口方达成交易，形成应收账款。然后，出口企业找保险公司购买出口信用保险，保险标的是这笔应收账款；出口企业找到银行，申请国内银行给它做应收账款融资。接下来，出口企业、保险公司和国内银行，签订一个三方权益转让协议，约定保险赔偿的受益人由出口企业转让给银行；银行有了保险公司承担买家的赖账风险，就可以安心地给出口企业融资了。在这之后，这家银行通知国外的进口方或是开证行，这笔应收账款转让给它了。最后，国外的进口方或者开证行等货款到期之后，向国内银行支付货款（见图3-7）。

这样一来二去，中国出口企业迅速获得了回款融资，国内银行也能赚个差价和手续费，国外进口商保证了付款权益，大家各有所得，其乐融融。但这里有个前提，就是出口信用保险。一旦国外买家或者开证行要无赖，到期不支付货款，这个锅就得保险公司来背。前文提到，在国际贸易中，买卖双方相互制约的手段非常有限，这时候外国人违约的可能性是很大的，也就是说保险公司要承担很大的买家违约风险。所以，很多的商业保险公司都不愿意开展出口信用保险业务，没有制约风险大，基本就是个赔

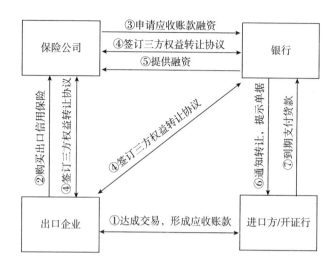

图 3-7 出口信用保险项下融资的基本流程

钱的买卖。国家为了打消国内出口企业的顾虑，鼓励出口贸易，专门设立了一个出口信用保险公司——中国信保。

商业保险公司怕赔钱，国家不怕，一旦国外买家不还钱了，这笔损失国家承担。这时你可能会有一种担心，国家这么仗义，不就成了中国政府替外国进口商买账了么？非也！国家确实仗义，但她只对自己的国民仗义，对外国人没义务仗义；中国政府只会替自己的国民买账，没义务替外国人买账。现在我们国家强大了，在国际事务上更有话语权了，如果外国进口商坑中国出口企业的钱，中国政府会出面跟他们国家的政府交涉。国内的出口企业虽然对国外进口商缺乏反制手段，但我们的国家可以在很多方面反制它的国家。中国的企业可以放心地出口，不论你在哪里，祖国就在你身后！

小结

　　保理及其衍生出来的保理池融资，就是供应商把对下游企业的债权转让给保理商，保理商先替下游企业把货款付给供应商，等到期后再从下游企业那里回收这笔货款。反向保理，需要下游大企业为供应商的应收账款背书，金融机构先把这笔账款付给供应商，等应收账款到期了，下游大企业再把钱还给金融机构。融资租赁保理，通常是租赁公司买来设备，租给生产企业使用，然后把收租的权利转让给银行以获取融资。票据池融资，是供应商把一大堆商业汇票，以及相关文本放到银行那里形成票据池，银行以这些票据做质押给供应商融资，并且提供票据管理、托收、授信等等一系列的管家式服务。出口信用保险项下融资作为一种特殊的融资形式，就是有国家的出口信用保险做担保，银行可以放心地向出口企业融资，确保国内出口企业迅速收回货款，促进国际贸易顺利开展。

第4章　库存融资模式

如果说应收账款融资是以未来兑现的价值符号为融资依据，那在库存融资中，融资的依据往往是实实在在的货物。这一章我们就来了解一下供应链金融中的库存融资模式。比较有代表性的库存融资模式包括静态质押融资、动态质押融资、普通仓单融资，以及标准仓单融资。

静态质押融资：妈妈再也不用"剁手"了

库存是库存融资的前提。生产企业需要储存一大堆原材料，方便它顺利进行生产加工；销售企业需要储存一大堆商品，防止销售断货；服务企业需要储存一大堆备用物品，保证顺畅地提供服务。库存就是把东西放在那留着备用，而且这些东西都是花钱买来的。这些东西现在用不上，钱还花出去了，而且管理这些库存还要再投入资金。当库存带来的资金缺口越来越大时，扔还不能扔，用还用不上，大把钱花出去了，为了留着它还得继续花钱，越看越鸡肋。特别是现今的生产周期越来越短，市场变化越来越快，很多时候企业为了防止断货还要加大库存量，导致资金缺口进一步扩大。

此前国内外无论是企业界还是学术界，都在绞尽脑汁算计着怎么能在降低库存的同时保证企业顺利运营。可算计来算计去，要么大动干戈，调整供应链结构；要么零和博弈，把库存的累赘甩给供应商或者下游客户。其实，把库存占用的资金释放出来，可以借力打力，这就取决于怎么结合具体情境设计出一个靠谱的库存融资模式。

打个比方，如果有个年轻妈妈刚生完孩子，她盼着孩子茁壮成长，一激动把家里的积蓄全都给孩子买了不同年龄段的衣服，一直够孩子穿到大学毕业。这样导致一个直接的后果，就是家里揭不开锅了。而且，一大堆的衣服放在家里也占用了大量的空间，日子没法过了。她找到邻居说："家里马上要断粮了，帮我想想办法吧。"邻居说："有个办法，你先把衣服存到我舅舅开的洗衣店去，让他代为保管，然后我把买衣服的钱一次性借给你。孩子长到多大，你就去取回他多大该穿的衣服，你取一件衣服就还我一件衣服的钱，等孩子长大了，你把衣服都取完了，我借你的钱也还完了，如何？"年轻妈妈一想，如此一来积蓄回来了，衣服也不用放在家里占地方，还能不耽误孩子穿，连忙点头。邻居又说："你取衣服还钱的时候我得收点利息，或者一开始借你的钱比衣服的原价少点，然后你取的时候按原价还我，如何？"年轻妈妈一想，有道理，不能让人家白帮忙，便连忙答应。这么一来，年轻妈妈买衣服的钱回来了，一大堆衣服暂时不穿的衣服也不用存放在家里了，邻居也可以赚取差价，这就是库存融资的基本逻辑（见图4-1）。

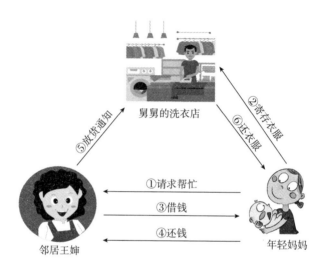

图4-1 静态质押融资的基本逻辑

库存融资中的静态质押融资也遵循着这个逻辑，只是实际中的融资过程要比这个例子更复杂一些。因为银行会担心企业打着库存融资的旗号清理库存，所以会要求企业先向它交纳一定的保证金，这样企业即使不要货了，银行也不至于血本无归。而且，静态质押融资一般是以质押库存为担保，也就是占有权的转移。但银行自己也没有仓库，所以通常会委托第三方物流代为保管。

静态质押融资的基本流程为：首先，需要融资的企业向银行提出静态质押融资申请。然后，企业把库存货物转交给银行指定的第三方物流，作为融资的质押物，同时向银行交纳一定的保证金；银行得到第三方物流的收货通知并且收到企业的保证金后，就会向企业提供融资了。如果企业在运营的过程中需要提取质押的货物，就要向银行追加保证金；银行在收到追加保证金后，向第三方物流发出发货指令；物流收到指令后，向企业放货。企业需要多少货物，就追加相应的保证金，然后从第三方物流那里提取货物（见图 4 - 2）。

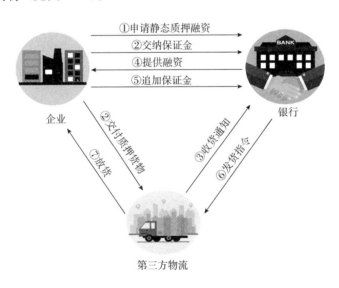

图 4 - 2 静态质押融资的基本流程

如此一来，企业可以质押库存获得流动资金；银行在这当中赚取利息、差价、手续费；第三方物流提供库存管理服务，向银行收取服务费。当然，羊毛出在羊身上，这些费用最终都会算进企业的融资成本里。但要注意，企业如果需要质押货物，必须要追加保证金把货赎出来，不可以拿别的货物来换，这也是静态质押融资"静"的地方。

动态质押融资：帮助别人就是帮助自己

跟静态质押相比，动态质押的"动"主要表现在质押的库存可以流动起来。也就是说，融资企业需要质押货物的时候不是必须追加保证金来赎库存，可以用新的货物换走旧的货物。

打个比方，村里的刘老汉是个酿酒大户，附近的村民都爱喝刘老汉的白酒。刘老汉只管酿酒，把卖酒的事交给外甥李大胖去做，李大胖在邻村开起了刘老汉白酒直营。但是邻村有点远，没法一坛一坛地送，李大胖如果要保证酒够卖，就得一次运来一大堆在店里囤着。刘老汉的白酒虽好，成本也高，李大胖没钱一下子购进足量的库存。库存不够还是不够卖，刘老汉又不能先把酒赊给外甥，这样会影响他后续酿酒的费用投入。刘老汉找到了村里开钱庄的冯掌柜，冯掌柜了解缘由之后说："这事好办，我把进货的钱借给你外甥，你外甥借到钱了，从你那多进一些白酒囤着便是。但有个条件，进货归进货，你刘老汉白酒的质检合格证得押在我这里，没有这个合格证，你的酒就不能卖了。你外甥还我多少钱，就能赎出来多少合格证，这样就可以卖多少酒。如果还要继续进货，暂时不方便还钱，也可以用新酒的合格证来换陈酒的。"

通过这个方法，钱庄借钱给李大胖扩大库存，李大胖如果要卖酒就得先还钱，还一点卖一点。这样一来，李大胖就有钱从刘老汉那里进足白酒，扩大他的白酒销售；刘老汉作为李大胖的上游自然赚得也多；冯掌柜也可以通过放贷盈利。就这样，大家共同发展了村里的白酒事业，创造价值，获得回报，这就是动态质押融资的大概逻辑（见图4-3）。

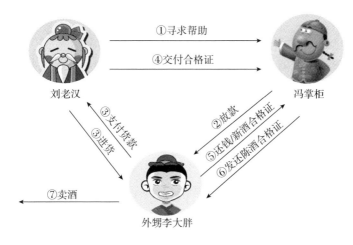

图4-3　动态质押融资的大致逻辑

在这个例子中，弱势的一方变成下游企业了。这就是说，动态质押融资模式往往适合成品企业帮助下游经销商融资。成品企业很多时候是供应链中的核心企业，汽车行业就是个典型。很多汽车生产商在它上游供应商和下游经销商面前，都是强势的一方。它肯定不会赊销给它的经销商，但如果帮助资金不足的经销商提高销量，也能提升自己的销售业绩，所以这时候帮助别人就是帮助自己。

现实中的动态质押融资的流程会更复杂一些，经销商其实没有必要每次都用钱赎货，很多时候可以用货换货。银行会给经销商的质押物（或抵押物）设定一个最低限额。在这个限额之上，经销商可以用新的库存货物换走旧的库存货物，而这种新旧库存的进出管理，银行往往也是委托第三方物流进行的。

动态质押融资业务的大概流程为：首先，生产商跟银行签订双边合作协议，生产商要对它的若干个经销商严格审核，列出可支持的经销商名单。然后，银行对这些经销商企业加以审核后，与生产商和经销商签订一份三方合作的融资协议。在这基础上，银行以汇票的形式为其下游经销商融资；经销商收到汇票后，将汇票转让给生产商，从生产商那里进货。接下来，生产商一方面要将货物送到经销商所在地的第三方物流那里（第三方物流由银行指定）；另一方面要把生产合格证送到银行那里。在这之后，如果经销商要销售多少货物，就要向银行归还相应的融资款项（或追加保证金），也可以在一定限额之内以货换货；银行收到还款或者收到物流公司收到新货的消息后，会指示第三方物流向经销商放货，同时向经销商发还生产合格证。经销商在拿到合格证后，就可以销售货物了（见图4-4）。

在这个过程中，生产商和银行会在事前对经销商的信用资质严格审核，并且对经销商的销售情况密切监控；很多时候，生产商还要跟银行签订回购协议，确保一旦形成库存积压，银行借出去的钱还能收得回来。

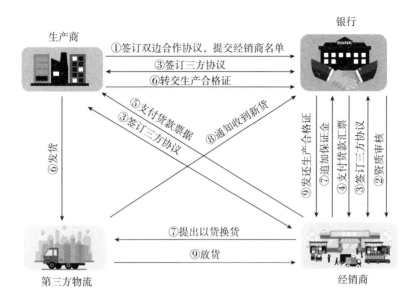

图 4-4　动态质押融资的基本流程

因为动态质押融资时库存可以流动，所以动态质押融资更适合库存量稳定、库存品类一致、库存价值容易估算或者库存进出频繁的货物，成品经销商一般比较符合这个特征。相比之下，很多 B2B 的供应商出售的是半成品，为了生产需要储存很多不同的原材料，这些半成品的买家可能只有几个甚至一个，价值很难估算不说，库存量也不稳定，所以这些供应商还是更加适合静态质押融资。

普通仓单质押融资：不还钱就"撕票"

下面来说说库存融资中的普通仓单质押融资，在这之前先要明确一个概念——仓单。仓单，也就是仓库的提货单，比如一批货物存放在仓库里，仓库给货主开一个存储和提货的凭证，拿着这个凭证可以从仓库里把这批货物取出来。这个凭证还可以转让，仓单转让了，就代表这批货物的所有权被转让了。所以仓单也就是这批货物的代表符号，被视为对仓库里这批货物的所有权凭证。仓单质押融资，也就是把仓单质押给银行，从银行那里获得借贷融资。这里需要说明，仓单属于有价证券，所以能够开具仓单的仓库或者物流公司一般都需要很高的资质。

普通仓单质押融资的逻辑很简单，比如张二狗租了三亩地，辛勤耕种，喜获丰收，除了口粮和交租，还剩下 500 斤粮食堆在自家后院里。张二狗想买头驴，好在农闲的时候磨点豆腐，生产点高附加值产品，于是找开钱庄的冯掌柜借钱。冯掌柜跟他说："我可以借给你钱买驴，但你后院的 500 斤粮食得放在村长家的库房里，村长给你写个提货的字据，你把字据押在我这，我才能把钱借你。等你要用这批粮食了，你还我多少钱，我就让村长还给你多少粮食。钱还完了，粮食也都取完了。"张二狗一想，反正那些粮食闲着也是闲着，有了钱就可以买驴了，等我磨出豆腐卖了钱，再回来还钱赎粮食。张二狗刚要答应，冯掌柜又说："还有啊，粮食价格是会变的，如果掉价了，你押给我的粮食可就不值我借你的那些钱了，这时候你得把这个差价给我补上。"张二狗一想是这么个道理，就答应了冯掌柜的条件（见图 4 - 5）。

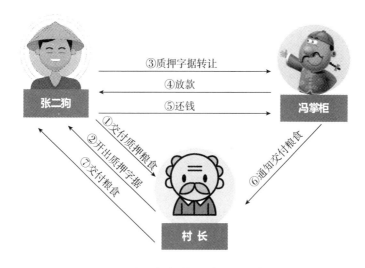

图 4 - 5　普通仓单质押融资的大致套路

现实中，一些企业希望能够把暂时不用的库存货物变现，又想留着这批货物以备后用，就可以选择这个方法。比如某企业有一批库存暂时用不上，它首先会找到一个有资格开仓单的第三方物流，把这批货物放到这家物流公司的仓库里，物流公司给它开出这批货物的仓单。接下来，这个企业拿着仓单找银行申请仓单质押融资，银行向第三方物流调查核实；如果银行审核通过了，就可以接受仓单的质押转让，并且跟企业、第三方物流签署一系列协议书，规定各自的义务。然后银行就可以给企业融资了，但融资金额一般不会等同质押物原价，银行需要保留一部分作为保证金。等企业要用这批库存货物了，就向银行偿还货款和利息。银行在收到货款后，通知第三方物流放货；物流公司接到通知后，就会向企业交付相应的货物了（见图 4 - 6）。

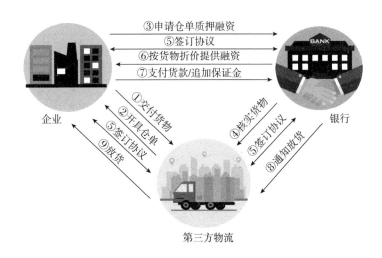

③申请仓单质押融资
⑤签订协议
⑥按货物折价提供融资
⑦支付货款/追加保证金

企业　　　　　　　　　　　　银行

①支付货物
②开具仓单
⑤签订协议
⑨放货

④核实货物
⑤签订协议
⑧通知放货

第三方物流

图4-6　普通仓单质押融资的基本流程

但是，这里面还有个质押货物市场价格变动的因素。也就是说，企业还完借贷之前，如果质押的货物市场价跌了，企业要把这个差价给银行补上，也就是追加保证金，如果它不追加保证金，或者干脆欠钱不还了，银行有权把质押在物流那里的货物做变现处理。

通过这种形式，企业可以通过质押库存获得融资，银行从中赚取差价和利息，第三方物流也能赚取保管费。普通仓单质押融资看起来跟静态质押融资有点类似，一个区别在于企业可以用库存换出正在质押的旧库存；另一个更大的区别就是，一旦企业违约，银行可以"撕票"，即有权变卖质押的货物。如果说静态质押融资是单纯地用库存做融资的质押物，那仓单质押融资就有点期货的味道了。在期货里，管这个"撕票"叫平仓。

标准仓单质押融资：拿期货说事儿

如果说普通仓单质押有点期货的味道，那标准仓单质押融资就是一种赤裸裸地依托于期货市场的融资模式。标准仓单是期货的概念，期货就是保证在未来以某一价格购买某个东西的承诺。比如期房本质上就是一种期货，房子还没盖好，开发商就开始按每平方米 3 万元的价格出售，先交定金，签字画押；等房子盖好了，到时就算市场价涨到了每平方米 10 万元，开发商也得按 3 万元一平方米交房。

举个例子，村里的大表哥觉得刘老汉的白酒卖得好，现在是 50 块钱一坛，半年以后可能会涨到 70 块钱，但以后的事谁也说不准。于是大表哥找到白酒代理商李大胖，跟他说："你现在一坛酒卖 50 块钱，我答应你半年以后按 60 块钱一坛买你100 坛酒，一共就是 6 000 块。我先付你 10% 的定金，半年以后你把这 100 坛酒送到村长家的仓库去，村长给我开出凭证了，我就付你剩下的钱，咋样？"李大胖一听，半年以后能每坛酒多卖 10 块钱，就答应了。于是李大胖跟大表哥立下了字据，约定半年后不管白酒市场价怎么变化，都得按一坛 60 块钱的价格交易，谁也不许反悔。

假设刘老汉白酒可以在期货交易市场中进行交易，大表哥如果笃定刘老汉白酒半年后会涨价，就会直接去期货交易市场，在那里承诺半年后按 60 块钱一坛的价格买进这种白酒，并在期货市场中支付 10％的定金，这个定金就是期货的保证金。如果期货交易市场规定，必须在村长家的仓库进行货物交割，那半年内这 100 坛白酒会被送进村长家仓库，村长开出仓储凭证。半年之后大表哥付了尾款，拿到这 100 坛酒的仓储凭证，就可以随时去村长家提货了。这个凭证，就是期货交易的标准仓单。

所以说，标准仓单是货物的价值符号，属于有价证券，而且可以通过一些流程转让。如果这时候刘老汉白酒的市场价真涨到 70 块钱一坛，大表哥就可以把这个标准仓单转让，赚取 10 块钱的差价；还可以把酒提出来，自己留着慢慢喝；还可以把这个仓单放在钱庄里做质押，从钱庄借钱出来。这第三种用途就是标准仓单质押融资。

如果一个企业委托期货经纪公司，在期货交易市场采购了一批货物做库存，这批货物存放在期货交易所指定的仓库里，企业手里握有这批货物的标准仓单。这时候，如果企业要获取融资，首先要向银行提出标准仓单质押融资的申请，提交这个标准仓单以及企业自身的相关材料。在这之后，银行对这些材料进行审核。通过审核后，银行、企业、期货经纪公司相互之间分别签署贷款合同、质押合同、合作协议等等一系列文件，并且共同在期货交易所办理标准仓单质押手续，确保质押生效。等这些都办完了，银行就可以向企业提供融资了（见图 4 - 7）。

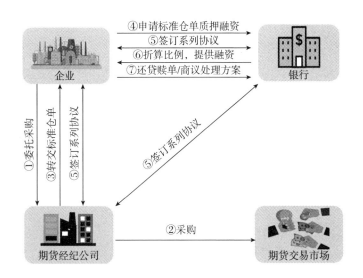

图 4 - 7　标准仓单质押融资的基本流程

但这个融资不是按货物原价提供的，而是折算一定比例，因为银行要留保证金。当企业需要质押的货物时，就向银行还钱，赎回标准仓单；如果它不想要货了，也不想还钱了，可以跟银行商量处理掉这批标准仓单，得到资金用以偿还借贷。在这段时间内，如果质押货物的市场价下跌了，企业需要向银行追加保证金，不然银行就有权自行处置一部分货物来补偿质押价值的损失。如果企业干脆赖账不还，银行除了留有保证金外，还有权趁货物的市场价格没跌太多时对质押的标准仓单自行处理，或是拍卖或是转让，或者干脆拿到期货交易市场去卖掉，以尽量减少损失。

这里需要说明的是，工业半成品一般是进不了期货市场的，因为那玩意专用性太强,除了生产商的下游企业,基本没人愿意要。能进行期货交易的,通常是区别不大又好变现的货物,比如粮食、棉花、石油、钢铁、煤炭、烟酒之类的,这些货物需要的人多,有市场。正因如此,银行才不怕融资企业赖账,不还钱也能拿质押的货物分分钟变现。所以说,跟普通仓单质押相比,标准仓单质押的融资,对银行来说风险更小,也更容易操作。

> **小结**
>
> 　　静态质押融资,就是企业把暂时不用的库存放到银行指定的第三方物流那里作为质押,从银行获得融资,等要用货了再拿钱来赎。动态质押融资,就是焦点企业和银行合作为下游经销商融资,扩大库存,提高销售能力,并可以在一定限额内,用新库存换旧库存。普通仓单质押融资,就是企业把库存货物放到特定的第三方物流保管,取得仓单后用仓单做质押以获得融资,然后一边还钱,一边取货。标准仓单质押融资,就是企业在期货交易市场采购库存,用标准仓单做质押以获得融资,在这之后,企业要么还钱赎单,要么让银行变现贴债。

第5章 预付账款融资模式

供应链金融的第三种融资模式是预付账款融资，这种融资模式和应收账款融资相反，主要是针对下游采购商对上游供应商的赊购造成的资金缺口。在预付账款融资模式中，比较有代表性的融资方式包括先款后货融资、保兑仓融资、国内信用证融资，以及国内信用证项下打包贷款融资。

先款后货融资：一切为了保证供应

先款后货，就是先支付货款再发货的意思，这跟应收账款融资中先发货后付款的形式正好相反。供应链中的核心企业对上下游的议价能力比较强，所以一般在向上游供应商采购的时候可以先买东西后付钱，向下游客户销售的时候可以要求先款支付，或者先行支付货款。有时候，下游客户也希望主动支付预付款，目的是获得采购折扣、有限供货等特权，但下游的中小企业很多时候无力承担高额的预付款，先款后货融资就可以解决这个问题。

比如村里刘老汉酿的白酒，十里八乡，远近闻名，所以供不应求。邻村的外甥兼经销商李大胖总是不够卖，就想多进点货在店里备着。但是刘老汉这边产量跟不上，想多进货也没有。这时刘老汉跟外甥说："我要增加产量就需要投钱，再说其他经销商也要进货，你是我外甥，你先把货款付给我，等酿出酒了优先给你。"李大胖一想，我不够卖的，邻村别的经销商那里肯定也不够卖的，我预先付货款帮助舅舅提高产量，多酿的酒就能优先给我。好是好，但我也没钱付啊。开钱庄的冯掌柜跟李大胖说："这事好办，你先跟你舅舅把进货的事说好，然后你在我这存点钱，算是做个担保，我替你把进货的钱付给你舅舅，等他酿出酒了，运到村长家的仓库里去。你还我多少钱，就去村长家取多少酒，钱还完了，酒也取完了，咋样？"李大胖感觉茅塞顿开，愉快地答应了，这就是先款后货融资的大概逻辑（见图5-1）。在个过程中，刘老汉能提前收到货款，扩大生产规模，提高白酒产量；李大胖获得了优先供货的VIP地位，保证了白酒的顺利供应；冯掌柜呢，又做成了一单买卖。

当然，实际中先款后货的融资流程要比这个故事复杂得多。比如一家中小企业是下游买家，它希望尽快得到上游大企业的产品；上游大企业表示，要优先生产就得提前支付货款。这时，如果买家答应了上游大企业的条件，并且达成交易协议后，就可以向银行申请先款后货融资了。在收到融资申请之后，银行要对这笔交易的真实性，以及上下游企业的信用资质进行严格审核；审核无误后，签订融资协议，下游企业需要向银行交纳一定的保证

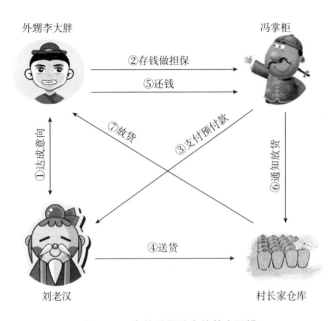

图 5 - 1 先款后货融资的基本逻辑

金，用以抵消一些它耍无赖不还钱的风险。然后，银行替下游买家向上游供应商支付货款；供应商收到预付款后，排产发货，但货物要转交到银行指定的第三方物流那里保管；下游企业每向银行还一笔钱，银行就通知物流公司给它放一批货。就这样，还钱放货、再还钱再放货，最后直到下游企业连本带利把钱还完（见图 5 - 2）。

在这里，第三方物流保管的货物可以视为借贷的质押物，而且跟期货一样，下游企业还钱取货的过程中，如果质押物的市场价降了，需要向银行交纳追加保证金。敢不交，银行照样可以"撕票"。需要说明的是，银行在向上游企业支付预付款的时候，

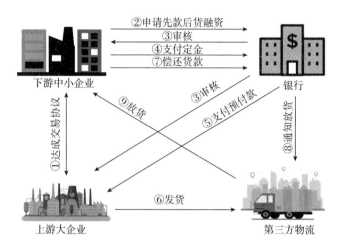

图 5-2　先款后货融资的基本流程

往往会采取商业汇票的方式，所以先款后货融资有时候也被称作先票后货融资。

　　另外，很多时候银行为了降低风险，会要求上游的供应商回购或者调剂这批货物，用以保证万一下游买家不要货也不还钱了，银行不至于把货砸手里。一般情况下，供应商一般也乐得接受，反正这批货物是香饽饽，这里不要有的是地方抢着要。当然，下游买家一般也不会干这事，因为在供应链协作体系中信息流和商流都是相通的，它敢这么干，以后在江湖上的名声就臭了；再说它也没必要这么干，因为很多时候预付了货款会在供应商那里享受个优惠什么的，也就是李大胖在刘老汉那里的 VIP 优先供货权。银行如果能够对交易的真实性和上下游企业的信用资质严格把控，不仅可以开发一项新的融资业务，设计好了，还能跟库存融资连接起来，提供一个"从生到死"的一条龙融资服务。

保兑仓融资：提前丰收与后续保障

在先款后货融资模式的基础上，又衍生出一种预付账款融资模式——保兑仓融资，又叫担保提货融资。有时候，下游企业希望拿到供应商的货款打折优惠，就需要一下子向供应商订好多货，而上游供应商因为产能的限制，无法一次性发这么多货；还有一种情况，就是下游企业希望在淡季的时候，提前预订好多的货，等旺季到了优先从供应商那里提货。下游企业为了享受这些福利，需要向供应商纳个投名状，预先一次性支付大笔货款，以证明它对大批采购的殷切期望。可是，下游买家一时间又没地方去淘换这笔钱，保兑仓融资就可以解开这个困境。

这种形式跟前面的先款后货融资有相似的地方，都是下游企业向银行借钱从上游进货，然后还一笔钱提一批货；不同之处是这里没有质押物了，所以也不委托第三方物流保管了。比如张二狗在他那三亩地上种庄稼，年年丰收，村里刘老汉酿白酒的粮食（原材料）也需要张二狗供应。有天刘老汉想：我的酒卖得好，到了年底供不应求，到时我日夜加班，粮食供应必须要有保证。于是他找来张二狗，跟他说："二狗啊，我到年底需要很多粮食来酿酒，以后你的粮食也别拿到集市上卖了，全给我吧。庄稼你种着，打出来给我留着，我把钱一次性先付给你，等我要用粮食了，再去你那里取。"二狗一听，一下子提前丰收又不用再到集市上折腾了，激动得眼泪鼻涕甩一地，连忙说："行，刘叔，我全给您老留着，再给您打个九九折。"然后屁颠屁颠地走了。

刘老汉转念想到，提前一次性支付这批粮食的九九折也是不小的数额，于是找来钱庄的冯掌柜跟他把事情说了一遍。冯掌柜说："这好办，你先在我钱庄里存点钱做个担保，然后我先替你把这笔钱给二狗，但这是借，你和二狗得给我立个字据，你还我一笔钱，我就让他给你一批粮食，不许自己私底下给；如果到时候你用不了那么多粮食，二狗还得把剩下的货款还给我。"刘老汉一听，货款有着落了，便满口答应："好说好说，大家一个村的，都知根知底，谁都亏不着。"就这样，张二狗提前丰收了，也省得总往集市跑；刘老汉也保证了年底酿酒的原材料供应，还拿到个九九折；冯掌柜还是继续赚利息（见图 5-3）。

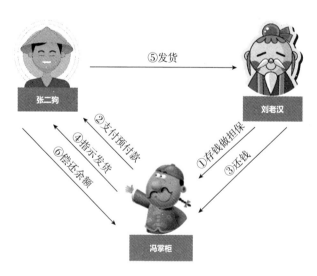

图 5-3　保兑仓融资的大致逻辑

这就是保兑仓融资的大概逻辑，也就是通过这个融资，保证能兑换到仓库里的东西。现实中的保兑仓融资一般是通过银行承兑汇票来支付的，银行在给下游企业融资的时候，会给它开一个支付货款的凭证；下游企业把这个凭证交给上游供应商，让供应商拿着这个凭证去银行那取钱。这个凭证的收款人会指定是某个具体的企业或个人，这个凭证就是银行承兑汇票。

现实中保兑仓融资的大概流程为：首先，下游买方和供应商签订购销协议，确保买方一次性支付货款后，供应商优先安排生产。然后，下游买方向银行申请保兑仓融资，并且向银行交纳一定比例的承兑保证金；银行在得到保证金后，向下游买方开出银行承兑汇票，并且与供应商达成按银行签发的提单发货的协议。接下来，买方向供应商支付汇票作为货款，要求提货。这时，银行根据买方承兑保证金的一定比例，签发提货单；供应商根据提货单规定的数量，向买方发货；买方得到货物并实现销售后，向银行继续交纳保证金；银行收到保证金后，再给买方签发提货单；如此反复循环，直到钱还完、货发完。如果汇票到期之前，买方在银行那里的保证金比汇票金额少，说明当初的预付款有余额，这时候供应商要把这个余额还给银行（见图 5 - 4）。

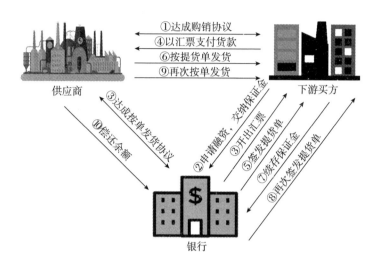

图 5-4 保兑仓融资的基本流程

国内信用证融资：冬天要及时穿秋裤

下面再来说说另一种预付账款融资模式——国内信用证融资。前文提到过，信用证是一种在买卖双方互不信任对方的时候，有银行参与的一种结算方式。其实信用证既可以用在国际贸易中，也可以用在国内贸易中。国际贸易中的叫国际信用证，国内贸易中的就叫国内信用证。两者都起到一个类似支付宝的作用，也就是货款先放在银行那里，打消买卖双方的顾虑。这两种信用证在细节上最大的区别，就是能不能撤销的问题。

打个比方，冬天来了，小明要在淘宝上买条秋裤，他把钱付给支付宝之后卖家发货，可是卖家发完货后突然反悔了，不想卖了，要把发出去的货追回来，这就是撤销。卖家那边撤销了，小明没收到货，支付宝会再把钱退给小明。在这个过程中，物流往复、货款流转，从小明下单到最后拿到退款，满打满算要一周左右。这段时间内，北风吹，雪花飘，小明没有穿上秋裤很失落。

如果在大宗商品交易的情境下，市场环境瞬息万变，交易中卖方的撤销往往会给买方造成很大的损失。所以，央行规定，国内信用证的结算是不可以撤销的。而国际信用证分成了可撤销和不可撤销两种，采用哪种，双方协商决定，这就可能导致很大的信用风险。

这里不去过多纠结国内信用证和国际信用证的不同，欲知详情，请参照央行颁布的《国内信用证结算办法》和国际商会制定的《跟单信用证统一惯例》。我们关注的是在供应链中下游企业在采购的时候，怎么通过国内信用证的结算，能够既向供应商交了预付款，又不影响自己的现金流。

还说刘老汉，要买邻村吴大官人的工具来酿酒。但是他想先拿到机器、酿出酒，等卖酒挣着钱了再把买工具的钱还给吴大官人。可是吴大官人不认识刘老汉，一来不愿意等，二来怕他欠钱不还。买卖眼看要谈崩的时候冯掌柜又出现了，他对刘老汉说："老刘啊，跟吴大官人同村钱庄的赵掌柜是我把兄弟，我俩一起帮你们做成这个生意。你先给我立个能还钱的字据，然后我跟赵掌柜说一声，让他在吴大官人那先把钱给你垫上。等吴大官人把工具运到村长家，我再替你把买工具的钱还给赵掌柜，这样就变成你欠我钱了。等你还我钱了，我就让村长把工具给你，你看行

不行?"刘老汉一想倒也公平，就答应了。就这样，在大家都不
太熟的情况下，刘老汉不耽误买工具，吴大官人不耽误收钱，冯
掌柜和赵掌柜赚他们各自的利息，这就是国内信用证融资的大概
逻辑（见图 5 - 5）。

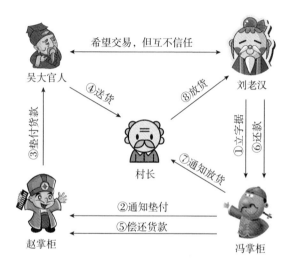

图 5 - 5　国内信用证融资的基本逻辑

在实际中，这种融资方式的大概流程是：首先，上下游企业
要达成购销协议，在这个基础上，下游的买方向 A 银行申请开立
信用证，A 银行对买方审核无误后，为买方向供应商指定的 B 银
行开立信用证，然后 B 银行通知供应商，买方有信用证了。在这
里面，买方申请的那个 A 银行叫开证行，通知供应商的那个 B 银
行叫议付行（或通知行）。供应商在得到买方有信用证的消息后，
向指定的第三方物流发货，并且向 B 银行提交发货凭证、提单等

单据；B 银行审核无误后，支付给供应商货款。在这之后，B 银行把这个事儿通知 A 银行，A 银行向 B 银行交付货款，并且从 B 银行那里拿到提单。接下来，买方企业要想提货，就要去 A 银行那里偿还货款，把提单赎出来，最后拿着这个提单去提货（见图 5 – 6）。

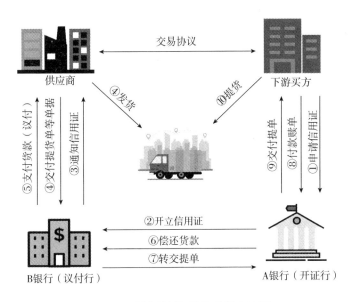

图 5 – 6　国内信用证融资的基本流程

这里要注意的是，B 银行在付给供应商货款的时候，通常是选择议付的。议付是银行的一种支付方式，它跟一般付款最大的区别就是可追索。也就是说，如果银行认为供应商的单据有问题，就算已经付钱了，也有权叫供应商把收到的钱送回来、把吃掉的钱吐出来；一般的付款就不能追索了，付了就付了，就算银行看走了眼也不能找后账。此外，议付也要扣除利息、手续费之类的费用。

这时候我们发现，这跟先款后货融资和保兑仓融资貌似差不多，区别就是通过信用证的交易，银行可以议付，对预先支付的货款可以追索，而且可以更好地控制买方提货，在很大程度上规避了风险。而且别忘了，国内信用证的交易是不可撤销的，这样就可以确保买方能够及时在冬天到来的时候穿上秋裤了。

国内信用证项下打包贷款融资：空手套白狼

下面再说说预付款融资中的国内信用证项下打包贷款融资。很多时候，供应链中的下游买方下订单了，上游供应商没钱生产，但是买方还不愿意先把货款付给供应商，这时供应商就要借钱来生产，国内信用证项下打包贷款融资就是解决这个问题的。也就是说，在国内信用证的信用保证下，银行向供应商提供一种信贷融资，保证上游顺利生产，下游按时收货。跟前文的国内信用证融资相比，前者是为下游买方融资，后者是为上游卖方融资。而且，这种融资方式多了一个环节，就是银行向供应商借贷。

比如，刘老汉的白酒越卖越好，邻村的外甥兼经销商李大胖又要卖断货了，他想让刘老汉给供应更多的白酒。但酿更多的白酒就要采购更多的原料，还要再添工具，刘老汉一时拿不出这么多钱，眼看着生意来了做不成，就又找钱庄的冯掌柜。冯掌柜说："这好办，邻村钱庄的赵掌柜是我把兄弟，李大胖是你外甥，你让他给赵掌柜立一个保证付钱的字据，然后我先把酿酒的本钱借给你，你酿出酒了就给李大胖发货，李大胖收到货之后，在邻村把他进货的钱付给赵掌柜，赵掌柜再把钱转给我，我在这里面扣掉当初借你的成本，还给你剩下的利润，咋样？"刘老汉一听，酿酒的本钱不用自己出，还不耽误赚利润，这不是空手套白狼么，愉快地答应了。就这样，刘老汉不耽误酿酒，李大胖不耽误卖酒，两个钱庄掌柜在这里面也赚到了利息，这就是国内信用证项下打包贷款融资的大概逻辑（见图 5 - 7）。

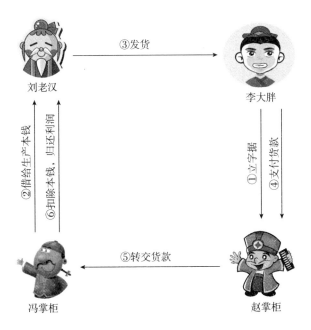

图 5 - 7　国内信用证项下打包贷款融资的基本逻辑

国内信用证项下打包贷款融资的"打包"，就是供应商开展生产要花的杂七杂八的成本，银行一次性统统借给它。实际中，这种融资方式的大致流程是：首先，供应链上下游企业间要达成交易协议。在此基础上，下游买方去 A 银行申请开立信用证，A 银行审核交易的真实性和双方的信用资质，确认无误后，给买方开立信用证，而且信用证的受益人是供应商，并把信用证交付给供应商指定的 B 银行；B 银行收到信用证后通知供应商；供应商这时候就可以向 B 银行申请打包贷款融资了，这里的 A 银行是开证行，B 银行是议付行。B 银行在审核无误后，向供应商提供生产所需的资金；供应商拿到钱后开展生产，产品生产出来后通过第三方物流向买方发货，并且从物流那里拿到提单。接下来，供应商把货物提单交给 B 银行，B 银行再把提单交给 A 银行，下游买方去 A 银行那里支付货款，赎出提单；A 银行拿到货款后向 B 银行转付，B 银行扣掉当初借给供应商的融资款项以及一些利息手续费什么的，把剩下的余额还给供应商，这个余额就是供应商的生产利润了（见图 5-8）。

要说明的是，因为国内信用证是不可撤销、不可转让的，通过这种融资方式，上游卖方在订单确定的情况下，在生产的备货阶段不必占用自己的资金流，可以保证在资金不足的时候也能抓住商机；同时也确保了下游买方及时收货。而且，国内信用证是一种有条件的支付方式，如果卖方不能及时交货，开证行可以不付货款，这样又确保了买方的利益。退一步说，就算开证行有正当理由没法支付货款，那货物的提单也会退给卖方，让卖方不至

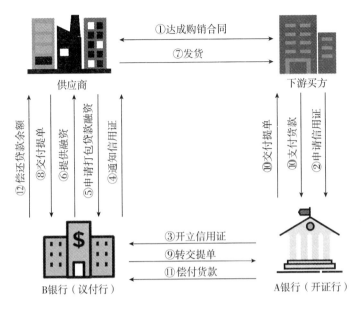

图 5-8　国内信用证项下打包贷款融资的基本流程

于财货两空还欠一屁股债。这么看来，供应商怎么都能达到"空手套白狼"的效果。

小结

先款后货融资，就是下游企业要保证上游的顺利供货，向银行申请帮它先垫付预付款，上游企业把货发到银行指定的地方保管，下游还钱取货。保兑仓融资，就是下游通过银行的借贷融资，预先向上游支付货款，然后在银行的监督下，还银行一笔钱，去供应商那里提一次货。保兑仓融资，就是帮助下游企业一次性支付供应商大量货款，取得大批量采购的折扣，或是下游企业在淡季的时候向供应商提供大量资金，在淡季享受价格优惠，在旺季分批次提货，保证货物的后续供应。国内信用证融资，就是供应链上下游的交易可以通过开证行和议付行的垫付，让上游的供应商及时回收货款，发出的货先在第三方物流那里存着，下游买方在这之后还钱提货，而且银行对货款具有追索权。国内信用证项下的打包贷款融资，就是在国内信用证的担保下，供应商可以从银行那里把生产的成本借来，然后银行通过信用证从买方那里回收货款，扣掉借贷的生产成本和利息、手续费等，把货款中供应商利润的部分还给买方。

第6章　供应链金融的风险管理

开始讨论供应链金融风险之前，首先要了解什么是融资绩效。融资绩效可以理解成企业的融资效率，度量这个效率一般包括三个方面：融资量、融资成本和融资周期（有时还包括融资可得性）。融资量是指能获得多少金额，融资成本是指负担多少利率和手续费，融资周期是指过多长时间还钱。一般情况下，融资量越大风险越大，融资成本越高风险越大，融资周期越长风险越大。所以，金融机构能够给企业提供多少融资授信、利率和周期，首先要识别和评估风险。

风险的潜在因素：天有不测风云，企业有旦夕祸福

因为供应链金融的前提是供应链上下游间的真实交易，所以要从供应链管理的视角来分析供应链金融的融资风险。影响风险的潜在因素理论上分成三大类：环境因素、网络因素和主体因素。

风险的环境因素

风险的环境因素也叫系统性风险因素，主要来自供应链外部的环境变化，比如经济周期、政策导向、市场变化，以及天灾、战争等人力不可抗因素，这些因素会对供应链中的商流、物流、资金流产生直接影响，融资风险也就随之产生了。

在经济上升的阶段，投资增长、就业增加、市场需求旺盛、企业生产提高，一派欣欣向荣的景象；大家浪一段时间后通胀来了，经济衰退，国家开始收缩银根，投资减少、企业减产、消费降低、市场需求萎缩；等紧缩差不多了，再迎来新一轮的经济复苏。如此往复，就是市场经济的周期性规律。影响经济转向的因素很多，这种宏观经济趋势谁都没法预测，有些企业会因为之前太激进了，到了衰退期扛不住，倒闭破产，风险由此发生。

国家对某行业或某领域的政策导向和监管制度，也是重要的环境风险因素，一是看该行业的监管制度是否健全，二是看国家是否对该行业出台鼓励或限制性政策。要避免在监管制度不健全的领域发展供应链金融业务，出了事没处讲理，风险很大。如果是政策限制的行业，这类企业一般都前景堪忧，朝不保夕，融资需谨慎；如果是国家鼓励的行业，这类企业一般可享受很多政策和税费方面的扶持，成长空间比较大。总之，就是积极响应政府号召，顺应历史潮流。

技术环境和市场环境的变化也会对企业产生影响。技术和市场这两点在管理理论上共同归结为权变因素。很多时候，技术的发展会导致市场结构的变化，市场需求的变化也会催生技术的转变。这两者经常相互影响，一影响就会波及供应链的协作和交易。比如，即时通讯信息技术影响了传统电信运营商，外卖软件压缩了方便食品市场，共享单车影响了自行车产业，这些技术和市场的环境变化都可以构成供应链金融的重要风险因素。

风险的网络因素

风险的环境因素是源自供应链网络外部，风险的网络因素则是源自供应链协作系统本身。这里按照供应链管理中结构、流程、要素三个视角的分析方法，来分析供应链金融风险的网络因素。

供应链的网络结构，是供应链中各个主体的相对位置，以及各主体之间是一种什么样的关系。不同产业供应链的网络结构千差万别，很多时候产业之间也存在接口，不同的供应链网络交织重叠。就像每个班级的小学生组成了这个班级的关系网络，但每个班级里的小学生都认识几个其他班级的朋友，这样不同的班级也被联系起来，形成一个范围更大的松散网络。供应链网络也是如此。如果焦点企业处在供应链网络的中心位置，可以协调其他成员的交易行为，这个供应链网络的集中度就比较高；如果供应链网络中没有一个能 hold 得住全局的焦点企业，这样的网络结构就比较分散。一般是网络结构越集中，风险越小；网络结构越分散，风险越大。

供应链的业务流程，是供应链上下游企业之间跟交易相关的各种业务的方式和过程。比如采用什么方式订货、什么方式发货、什么方式沟通、怎么支付货款、可能会遇到什么问题、通过什么方式协调，这些都涉及各种具体的业务操作。有时候一个关键的业务流程，或者流程上的某个环节没处理好，都会给整个融资过程带来很大的风险。比如，对质押库存的监管、对物流过程的追踪、对某个商业票据的审核，这些环节的操作疏漏都可能导致融资失败，甚至血本无归。

供应链的管理要素，是供应链中企业拥有的资源状态，这些要素分成有形和无形两种。有形要素体现在物质和技术方面，比如企业的动产、人员、机械设备；无形要素体现在企业的能力方面，比如企业的研发、管理，对市场的快速反应。这些要素是供应链金融中融资活动的抓手，如果融资的管理要素出了问题，融资自然会出问题。比如，一家企业用自己的库存做抵押向银行申请库存融资，如果融资的周期比较长，在这段时间内产品的市场价格可能会出现波动，从而给融资带来风险，如果抵押物的价格跌成白菜价，谁还愿意还钱赎回呢？

风险的主体因素

供应链金融的主体风险，是指直接参与供应链融资的企业导致的风险，这里既包括中小企业，也包括焦点企业。分析供应链金融主体风险的目的，是为了防范这些企业的机会主义行为。什么是机会主义行为？就是损人利己行为的学术性叫法。有些企业在融资前会刻意传递一些虚假信息，表示自己肯定不会违约；有些企业在融资后还会为了赖账想尽办法钻空子。管理学理论认为，如果交易制度设计不健全，就会导致机会主义行为出现的可能，这是一种客观规律。因此，供应链金融的主体风险，分析的对象首先就是需要融资的企业，然后再看它的上下游客户，既要分析它们的运营情况和掌握的资源，还要分析它们的信用资质。总之就是既看能力，又看人品。看能力是看它能不能还钱，看人品是看它想不想还钱。

企业的资质代表企业获得资源的能力，以及在业内的江湖地位。比如，企业的生产能力和市场份额具不具备抵御外界风险的能力，如果这些方面能力有限，金融机构就要对融资量、融资周期、融资成本慎重考虑，甚至还要考虑给不给它融资。同时，考察企业的上下游交易对象也同样重要，这一点很多时候会被忽视。

对融资企业进行一定的财务状况分析也是有必要的，比如企业的盈利率、资金运作效率等指标。如果财务表现大大超过了行业的平均水平，就要小心了，基本上可以理解为忽悠人。另外，对企业的资产状况做全面分析尤其重要，金融机构要了解各项资产的流动性状况，分析资产的流动性能不能满足企业的正常运营。企业用资产抵押获得的融资量、融资周期和融资成本，能不能跟资产流动性和企业经营目标吻合，这些都是要通过财务报表来审核的。

考察贸易背景的真实性也很重要，特别是中国这样的人情社会。很多时候，交易相关方都是沾亲带故的，很容易为了获得融资沆瀣一气，比如虚构贸易背景、挪用资金、相互包庇。风险管理方和流动性提供方对真实交易背景的调查不应是孤立地关注每笔交易本身，还要看其他相关企业的交易背景、收付情况，以及实际经营人的个人背景等等。

对主体运营状况的监管，特别是融资过程中的物流监管尤为重要，因为物流经常会直接影响到商流和信息流，最终体现在资金流上。有些企业在库存融资的过程中，经常会出现一货多押、库存挪用的现象。就只生了一个闺女，许完东家许西家，彩礼都收了，东家西家都来要人，怎么办？跑呗。

分析企业的履约能力也很重要，履约能力就是偿还融资的潜力。对于成长型中小企业来说，可以从盈利前景、技术成熟度、产品质量、市场稳定性等方面来分析。供应链融资的过程往往涉及不同的组织方和协调方，多个主体之间的协调互动，共同构成了供应链融资业务的流程。所以，对供应链融资组织方的履约能力分析也同等重要，供应链的核心环节出了问题，其他环节很容易受到波及。

风险的控制原则：欲融资，必先"六化"

知道风险从哪里来，下一步就是未雨绸缪，尽最大可能将风险消除在摇篮里。所以，供应链金融的风控原则主要表现在六个方面：业务闭合化、管理垂直化、收入自偿化、交易信息化、风险结构化和声誉资产化。

业务闭合化

企业的供应链运营，实质上从头到尾是价值的设计、生产、传递和实现，开展供应链金融业务，就要让这些环节形成一个环环相扣的整体，不仅要能把控融资的核心业务，跟融资相关的其他业务也要掌控。比如海尔旗下的日日顺物流跟商业银行合作，银行通过日日顺向海尔的经销商提供融资时，不仅要预测经销商本身的销售、采购和贷款，还要把控经销商的物流管理、实际销售和支付结算等环节；再比如新希望六和的供应链融资，也是把融资服务嵌入到农产品的整条产供销体系中。

供应链金融业务本质上应该是企业供应链运营的一部分，风险管理方和平台提供方要能全面组织和协调与融资相关的供应链运营业务，首尾相顾、左右逢源，压缩产生机会主义行为的空间。

管理垂直化

管理垂直化可以从两方面来理解，一是供应链企业间的管理，体现在机构的设计上；二是供应链中企业内部的管理，体现在职能的设置上。

企业间的管理，业务审批和业务操作不能是同一个企业，要各自分离、相互制约，防止企业盲目扩大业务，贪多嚼不烂、消化不良，最后撑死；再就是交易运作和物流监管不能是同一个企业，不能既当运动员又当裁判员，防止监守自盗。企业内的管理，要让金融业务的开发部门、操作部门和巡查部门三权分立，三个部门目标一致、相互制约、协同发展；还有就是对供应链融资实行公司与总部的二级评审，公司这边对具体项目进行评审，包括项目的合法性、可操作性，具体风控措施等，总部层面根据企业的整体战略考虑融资业务，还要考虑对利益相关者的影响等。只有企业间和企业内相互制约、目标一致，业务流程才能顺畅，才会抑制机会主义行为的实施动机。

收入自偿化

在传统的贷款业务中，金融机构主要通过企业的财务实力、规模、担保、负债率、现金流等指标来推算还款能力。即便审核指标如此苛刻，还是有推算不准的时候，因为并没有控制还款来源。供应链金融的收入自偿化，就是供应链金融业务与供应链运营的流程相契合，以确定的未来的收益作为直接还款来源，做到专款专用、转款转还。

比如在动产质押融资中，融资周期和融资额主要取决于质押物的保值时间和在这个时间内的价值；再比如在反向保理中，融资周期和融资额主要取决于下游企业的赊销期限和应付货款。通过动产质押、单据控制、个人连带责任等方式，能在融资之前先确定还款来源，不给机会主义行为发生的机会。

交易信息化

信息技术大大提高了生产效率，进一步促进了产业分工。开展供应链金融业务依赖信息治理，一方面表现在企业内部跨职能沟通，比如销售部门能不能及时提供执行反馈，会计部门能不能及时提供资金核算信息，生产部门能不能及时提供生产运行情况，物流管理部门能不能及时提供发货、仓储信息等；另一方面表现在上下游间的相互协同，比如焦点企业和配套企业能不能及时信息交换，银行跟监管企业能不能及时沟通，银行跟焦点企业能不能有效进行信息对接等。当前信息技术的发展日新月异，利用物联网、大数据、云计算、区块链这些信息技术，对开展供应链金融业务的各个环节都大有裨益，帮助平台提供方和风险管理方控制风险，控制机会主义行为的发生条件。

风险结构化

风险结构化是指在开展供应链金融业务的时候，合理地设计业务结构，采取各种有效手段来化解风险。风险结构化一般考虑四个要素：一是保险，可以对供应链融资各个流程的高风险环节投保，还可以对质押物的仓储、运输等环节投保；二是担保，虽说供应链金融是要克服中小企业缺少担保主体的弊端，但如果融资企业有合适的主体为它担保，也不失为分散风险的一个好方法；三是协议，在有益于切实开展业务的基础上，本着公开、公平、公正的原则签订协议，这个协议最大的价值在于企业的声誉资产；四是准备金，这是借鉴期货市场的准备金制度，针对一些高风险的业务环节，设定一定比例的风险准备金很有必要。

这些要素是风险结构化的一些惯用方法，在实际中还会根据具体的交易情况，设置具体的风控结构，中心思想其实就是形成风险对冲，东方不亮西方亮，减少机会主义行为带来的损失。

声誉资产化

声誉被认为是一种稀有的、有价值的、可持续的、难以模仿的无形资产，是实现竞争优势的有力工具。在供应链金融中，声誉代表了企业从事融资活动的能力、责任和担当。声誉的丧失代表企业具有较高的道德风险，可能会以恶意动机从事机会主义行为，损人利己的同时，破坏供应链金融的市场秩序。为了防范这类行为发生，需要在风险的识别、评估和控制的过程中，对融资相关方（尤其是融资对象）的声誉进行资产化评估。

声誉资产化评估要全面、系统、客观地反映融资对象企业的综合声誉，这个综合声誉的影响因素包括：企业的基本素质、偿债能力、营运能力、盈利能力、创新能力、成长潜力、信用记录，以及企业主个人特征。通过这些影响因素的评估，遏制机会主义行为的道德底线。

信用风险管理：没有规矩不成方圆

巴塞尔银行监管委员会①（又称"巴塞尔委员会"）把商业银

---

① 巴塞尔银行监管委员会：1975 年 2 月成立于国际清算银行下的常设监督机构，由银行监管机构的高级代表以及比利时、德国、加拿大、日本、法国、意大利、卢森堡、荷兰、瑞典、瑞士、英国和美国的中央银行组成。

行的主要风险分为 8 类，分别是：信用风险、操作风险、法律风险、市场风险、利率风险、流动性风险、国家和转移风险、声誉风险。当前，银行在开展供应链金融业务时，最常涉及的是信用风险、操作风险和法律风险。按照发现问题、分析问题、解决问题的逻辑，供应链风险的管理流程一般分成对风险的识别、评估和控制三大部分。风险识别，就是发现经营中存在的风险隐患，顺藤摸瓜，找出风险来源；风险评估，就是估算风险发生的概率，以及风险一旦发生造成的后果；风险控制，就是根据评估结果采取措施，防范风险的发生，或者是做好风险发生后的应对准备。

信用风险的识别

信用风险的识别，就是找出企业偿还贷款本息的违约因素，这些因素主要会导致两种风险，一种是系统性风险，一种是非系统性风险。

系统性风险一般是宏观层面的因素给整个供应链施加的整体影响。大家都在马路上走，下雨了大家都会淋到雨，所以要时刻留意可能导致系统性风险的因素，预测什么时候要带伞，什么时候不出门。有时候，供应链中的焦点企业会成为系统性风险的直接来源，大家都跟着大哥吃饭，大哥出事了大家都会受牵连。一旦焦点企业有点风吹草动，都可能给上游、上上游、上上上游、下游、下下游、下下下游的交易带来蝴蝶效应。

非系统性风险是由融资的中小企业自身的原因导致融资后可

能没能力或没意愿偿还本息的后果，一般不会波及整个供应链系统。比如，企业经营决策失误导致收益不符合预期，或者企业拿到融资之后炒房炒地、囤货投机等等，这些都会导致企业获得融资后不能或不想还钱。还有一种情况，就是融资的企业从一开始就没打算还钱，比如隐瞒质押库存的真实情况、以次充好，或者上下游企业串通一气故意向银行隐瞒交易信息等等。因此，非系统性风险来源广泛、防不胜防，关键在于金融机构对融资支持性资产（库存、票据）的审查和控制。

信用风险的评估

信用风险的评估一般是由承担风险的一方负责，这一方通常是金融机构。不同的金融机构都有一套自己的评估方法，包括场景设定、指标体系、分析模型等。如果按照金融机构传统的信贷标准，中小企业基本没法通过评估。但是，人如果不靠谱，事靠谱也行。供应链金融之所以能帮助中小企业融资，是因为这种融资的风险评估在主体评价的基础上引入了债项评价。

以往金融机构在主体评价的时候，注重对管理人员、财务报表和行业整体绩效的分析；债项评价就是在这基础上加入了对上下游交易状况的分析，包括梳理交易关系和流程、了解产品和资金的流向、判断企业的盈利能力、了解交易的结算方式，以及融资对交易的依赖程度等多个方面，并通过这些方面对融资业务的信用风险进行评估。有了债项评估做补充，主体评估的标准就可以适当放宽一些，但也不能太宽，否则会影响到债项评估效果。

信用风险的控制

供应链金融中对信用风险的控制，主要包括风险回避、风险转移、损失控制等方面。风险回避就是通过设定一套标准，明确融资业务在什么情况下可以做，什么情况下不可以做，这个标准叫作准入体系。准入体系包括主体评价和债项评价，每种评价有若干指标，每个指标又有不同权重；至于指标怎么设立、权重怎么分配，要根据不同融资业务的具体情况而定。

风险转移就是把融资的信用风险转移给第三方，一般是由保险公司承接，比如前文的出口信用保险。但是随着国家的不断开放，国外的信用保险机构逐渐进入中国，国内的一些商业保险公司也开始推出自己的信用保险业务。金融机构完全可以和保险机构合作，破点小财，免除大灾。

损失控制就是在风险发生的情况下，采取有效措施及时止损。这需要对融资企业的日常运营、交易流程，以及抵质押物做到实时监控，一旦发现问题，及时采取措施，把损失降到最小。这不但要建立起有效的监管体制，还要能及时采取必要的保全措施。你若安好便是晴天，你若不好别连累我。

操作风险管理：不让歪嘴和尚念歪了好经

供应链金融的风控体系引入了企业上下游交易的债项评价，来弥补中小企业主体信用不足的缺陷。也就是说，供应链金融是在授信过程中，通过对货物、资金等自偿性要素的运用，一定程度上阻断了中小企业本身对授信风险的影响，起到了风险屏蔽的效果。但是，供应链融资需要根据实际交易设计特定的业务模式，增加了流程中的操作环节，操作的复杂程度也随之提升。与传统融资相比，供应链金融具有更高的操作风险。虽然引入债项评价可以为中小企业的信用风险建立一道防火墙，但如果防火墙漏洞百出，还是防不住风险的发生。

操作风险的识别

供应链金融的信用风险管理，本质上就是制定一套保证融资活动顺利开展的规则体系。但规则是人定的，也要靠人去执行，即便规则本身没问题，执行规则的过程中人出了问题，一样会造成不良后果，这就是供应链金融中的操作风险。巴塞尔委员会对操作风险的定义是：因不完善或失灵的内部控制、人为错误、系统失灵，以及外部事件等给商业银行带来的损失。

供应链融资的流程包括信用调查、模式设计、融资审批、授信和出账后的管理、款项回收等环节，不同的风险因素可能以不同的形式出现在这些环节中。这些业务中无意或有意的人为操作疏漏，都会给金融机构带来损失。特别是对应收票据、应付票据、库存物品这些抵质押资产的控制，涉及大量的操作环节，这些环节是供应链金融中操作风险管理的重点。

比如，在融资模式的设计和信用审查等环节，需要结合特定的交易背景，这要求风控人员具备比较高的专业知识和技能，但金融机构的人员难以了解所有行业的交易套路，很容易出现疏漏和误判；在融资审批环节，操作风险主要涉及操作人员的内部欺诈、越权行为、业务能力不足、内部控制体系混乱、文件信息传递不及时、后台风控系统失灵等问题；在授信和出账后的管理环节，主要涉及对账款票据以及抵质押货物的管控，这也是操作风险最集中的地方，仓储监管的欺诈和失职、提货换货流程的不规范、对抵押货物价格追踪的滞后、质押物被盗等问题，都容易引发操作风险。另外，在合同条款的设计方面，要确保内容既符合法律法规，又能够保证各方利益、具有可操作性，以及避免各种设计的技术性漏洞等。

操作风险的评估

由于供应链金融是根据不同企业的实际情况和交易背景设计融资模式，而不同模式的操作环节千变万化、大相径庭，所以操作风险无处不在。因此，操作风险很难总结出一个通用的评估体系。一般情况下，流动性提供方会采用风险目录和操作指引的方式，对操作风险进行定性评估。

焦点企业和金融机构等风险承担方，需要建立起切实的风险数据采集系统，收集和分析以往融资各个环节中发生过的各类操作风险数据，并根据这些数据，评估今后再次发生类似风险的概率，以及可能造成的损失。然后，根据这些评估结果，结合金融机构自身的战略目标，判断能否把风险发生的概率和可能带来的损失降到最低。

评估操作风险不仅要考虑风险对业务的局部影响，更要注意风险对焦点企业和金融机构战略目标的影响。2001年巴塞尔委员会提出，银行应当披露更为详细的操作风险信息，并提供了三种计算操作风险资本的方法：基本指标法（basic indicator approach）、标准法（standardized approach）和高级计量法（advanced measurement approach）。基本指标法将银行视为一个整体，只分析银行整体的操作风险水平；标准法对操作风险的衡量更加具体一些，将金融机构划分为不同的业务线；高级计量法对每种业务线和类型的损失，先从内部采集数据并计算，建立模型估计出操作风险在一定时间内的概率分布，并对数量模型进行分类。

操作风险的控制

操作风险控制的方法，首先就是考虑成本与收益的匹配，再就是明确具体操作环节的责任人。具体来说，主要有五方面：一是完善内控体系，审贷分离，比如金融机构对抵质押资产（票据、库存等）设立专门的管理部门，这个部门跟业务经理一起对项目进行双重审查，还需要对特定的抵质押资产（票据、库存等）进行定期的审核和检查；二是提高人员素质，不仅要增强操作人员的风险意识和职业道德，还要提高他们的专业知识和审查能力，避免在票据辨别、存货监控等操作环节因没文化导致风险发生；三是降低对操作人员的个人依赖，比如银行可以建立专业的调查和审查模板，并建立相关指引、明确操作流程、规范协议文本等，让操作人员有章可循，控制人员的自由裁量权；四是不断完善业务流程，因为供应链的交易方式和外部环境在不断变化，今天正常的操作环节，明天就有可能成为风险来源，所以要定期审核各类流程的新 bug，并不断给 bug 打补丁；五是引用风险转移技术，这类技术主要包括保险和外包两部分，比如购买相应的商业保险，或是与专业的服务外包企业合作，将一部分操作风险转移。

法律风险管理：路漫漫其修远兮

供应链金融作为一种创新性的融资服务，关键就是如何将授信抵质押物与融资企业的信用分离，金融机构以动产担保和业务流程向企业融资，把信用风险转化成操作风险。银行可以不管企业融资后想不想还钱，只要能充分控制抵质押资产（票据、库存等），即使不还钱银行也不会吃亏。实现这种关键技术需要很高的技术含量，一不留神就会掉坑里。不管是以哪种姿势掉坑里，最终还是要依托于法律加以解决，这就涉及了法律风险。

法律风险的识别

供应链金融的法律风险主要包括三方面：一是银行（或其代理机构）在法律上的无效行为；二是法律规定的不确定性；三是法律制度的相对无效性。

法律上的无效行为，就是不受法律保护的行为。比如，融资企业的老板从银行贷款，把自己的儿子留给银行做人质，法律是不会保护银行对老板儿子的占有权的。再比如，银行向企业融资时由于人员的疏忽，对企业质押的动产没签法律文件或者文件不符合法律规范，那么对质押物的约定也不受法律保护。这种风险源自融资操作没有按照法律程序，是人为的主观原因所致。现实中这种情况十分常见，一方面因为供应链融资的业务情境千差万别，很难制定一个标准化程序；另一方面是业务流程会涉及信用捆绑、货物监管、业务代理、资产处置等很多环节的协议、声明、通知等，法律文书繁多，风险防不胜防。

法律规定的不确定性，在于我国目前还没有一个专门面向供应链融资领域的法律法规，所以在融资过程中一旦出现法律纠纷，需要从其他现有的法律法规中寻求依据。在 2007 年《物权法》出台之前，动产抵质押或者应收账款担保的融资活动主要是依照《担保法》《合同法》《企业破产法》《企业动产抵押物登记管理办法》《应收账款质押登记办法》等法律法规，以及相应的司法解释。因为法律规定的内容表述往往不太具体，具有一定的模糊性，而且面对法律空白、冲突和语焉不详的情况，一千个人心中可能有一千个哈姆雷特。

《物权法》的颁布对供应链金融的发展具有重大意义，在动产担保方面明确了抵押效力、登记原则、引入动产浮动抵押，并且丰富了权利质押的内容，但这又引发了法律制度相对无效性的问题。比如，个别地方的工商局因各种原因，仍不接受浮动抵押的办理；一些地方工商局虽然办理浮动抵押，但不接受查询，客观上给重复抵押提供了条件。再比如，由于有些地方法规和行政权力的界限模糊，当地政府为保护地方经济，可能会干预法律的执行。这些风险并非源自业务模式或人为疏忽，而是法律的规定和执行方面的客观原因造成的。

法律风险的评估

供应链金融的法律风险，归根结底是对动产担保物权的设定和实现这两大方面。权利的设定是给不给的问题，权利的实现是能不能得到的问题，给了的东西不一定就能得到。在供应链金融业务中，金融机构作为流动性提供方，主要的法律诉求就是客户违约时能有个说理的地方，确保自己拥有充分的权力处理抵质押资产（票据、库存等）。

但是，我国有关质权人的权利规定分散在若干部法律（及相应的司法解释）、行政法规、部门规章之中，这些法律规定涉及的内容广泛，对动产担保物权的规定内容并不清晰；我国动产担保物权的法律制度中，很少给予当事人在违约之前约定救济措施的自由，也不允许质权人随便自行扣押和变卖担保物。在行政方面，担保登记公示制度烦琐，不同担保物需要到不同的部门登记，很多时候不同登记部门或者同一部门的不同地区机构之间并没有统一联网，信息交流不畅。另外，还存在部门登记费用过高、办事效率低下等传统问题。

一旦风险发生，依靠法律程序解决纠纷的话，对于出质人（融资企业）、质权人（银行等金融机构）和监管人（第三方物流等）都是一个耗时耗力的过程。一般情况下，通过司法简易程序执行不复杂的动产担保债权，短则要耗费大半年时间，长则几年的情况也时有发生；即使银行打赢了官司，绝大多数的债权判决也不能有效执行，弄不好落个鸡飞蛋打白费劲。

法律风险的控制

供应链融资中对于法律风险的防控，最重要的是决策层、管理层和操作层都要强调依法合规经营，重视法律风险可能带来的损失和影响。尤其需要在决策、经营和观念上制定切实有效的防控体系，在内部机制上贯彻有具体指导意义的防控措施，建立良好的法律文化和风险意识。

法律体系的完善一般是滞后于社会发展的，供应链金融作为一种新生事物，在发展过程中肯定要担负很高的法律风险。根据发达国家和地区的经验，高效的动产担保交易法律应该具备几个基本特征：一是可供担保的资产范围界定广泛，涵盖任何性质、有形和无形、尚未实现的未来资产，以及不断变化的浮动资产；二是设立简便，承认交易各方通过合约自行约定各项动产担保物权，包括对保证条款、违约事件和救助措施的约定；三是明确优先原则，包括时间优先和受偿优先两方面；四是统一公示，一方面要向第三方公示担保物权的存在，另一方面确定担保物权的优先顺序；五是权利的有效实现，保证动产担保物权能快捷、有效、低廉地执行。尽管《物权法》在设定和实现动产担保物权方面起到了很大的推进作用，但供应链金融的法律完善仍是路漫漫其修远兮，相关组织机构将继续上下而求索。

> **小结**
>
> 　　供应链金融的风险因素包括环境因素、网络因素和主体因素。其中，环境风险是供应链网络所在的环境变化给供应链融资带来的风险；网络风险是供应链本身的网络结构、业务流程和管理要素给供应链融资带来的风险；主体风险是融资相关主体资质、财务状况、运营监管、履约能力等方面招致的风险。控制这些风险的手段主要包括六个方面：业务闭合化、管理垂直化、收入自偿化、交易信息化、风险结构化和声誉资产化。在供应链金融中，信用风险管理就是找出供应链融资过程中的漏洞，制定出一套行之有效的规则体系；操作风险主要是因为本来的风险防范规程没有被很好执行导致的风险，需要完善内控体系、提高人员素质、降低个人依赖、完善业务流程和引用风险转移技术等手段；法律风险来源于人为操作的无效行为，或法律体制本身的原因所致，要尽量让业务操作中的每个环节符合法律规定。

第7章　供应链金融中的信息技术

供应链金融业务的实现需要信息技术的支持，如果没有一定程度的数据信息支持，业务流程设计得再完美也是无源之水、无本之木，而这些技术的共同目标就是大数据分析。现今的商业社会中，常用的信息技术手段主要包括物联网、云计算、区块链等，这些技术有个共同的基础——互联网。互联网把社会中的人和物连在一起，革命性地提升了信息交流的效率，降低了人们的交易成本和信息不对称程度。现在有点技术含量的金融业务都要依托于互联网，这自然也包括供应链金融业务。

供应链金融与大数据：要大，越大越好

人过留名，雁过留声，交易过就要留数据。数据本质上是对客观事物和客观现象的描述和统计，反映了客观世界的一些真实存在。古人做生意记账就是留数据，现在随着全球化产业分工和信息技术的发展，海量数据更是充斥商业领域的方方面面。如果

没有数据，正常的贸易便没法正常开展，依托于物流和贸易的供应链金融更是需要大数据为融资决策提供参照。大数据分析是开展供应链金融业务的技术基础，但这个大数据究竟有多大？虽然没有一个具体标准，但 5 个 V 被视为大数据"大"的重要特点，即数据量大（volume）、数据类型繁多（variety）、数据增长快（velocity）、很大价值（value），以及高真实性（veracity）。

大数据主要包括四种类型：结构性数据、非结构性数据、传感器数据和新类型数据。结构性数据，主要体现在电子表格上的交易数据和时间段数据，刻画了企业间交易流程的操作，比如企业的 ERP 数据就是结构化数据的一个重要来源；非结构性数据，包括企业的社会化数据、渠道数据、客户关系数据等，这些数据虽不反映交易状态本身，却跟交易高度相关，从这些数据中可以描述企业社会形象的大致轮廓。传感器数据，主要体现了交易相关的有形要素，比如射频识别数据、二维码数据、位置数据、温度及重力数据等；新类型数据，主要应用在可视化领域，比如视频数据、影像数据、音频数据、电子地图数据等。

这是一个大概分类，不同的数据体现了不同的客观存在，但数据本身的价值有多高，还要依据数据的质量。对数据质量的评价标准包括内在标准和情境标准两方面，内在标准表示数据能在多大程度上准确、及时、一致和完整地反映客观事物；情境标准考察采集数据时的情境，体现在数据的相互关联性、可信度、附加价值、声誉等方面。

兵法云：不谋全局者，不足以谋一域；不谋万世者，不足以谋一时。在供应链金融业务中，数据越"大"，越能全面描绘企业的运营能力和交易活动。所以，基于大数据的商业分析，就是围绕关键商业目标，整合企业内外分散的数据源，预见商业问题，并指导相关行动。如果提取这个概念的关键词，就形成了一个 IMPACT 框架：确定问题（identity）、操作数据（master）、赋予含义（provide）、可行建议（actionable）、传播沟通（communicate）和追踪结果（track）。

其中，确定问题，是确定关键的商业问题和目标，设置清晰的时间表和工作预期；操作数据，是采集、分析和整合信息，为决策提供参考；赋予含义，是清晰表达和呈现数据的含义，及其与其他商业问题的相关性；可行建议，是基于对数据的解读，得出价值信息并提供商业建议；传播沟通，是通过多种传播途径将数据分析的结果在企业内部扩散；追踪结果，是针对数据分析结果带来的效果，制定一种跟踪评估的方法。

供应链金融大数据的 5W1H：从哪里来？到哪里去？

基于 IMPACT 框架，在供应链金融中大数据主要体现在 5W1H 上，也就是：为什么需要大数据（why）？搜集和分析谁的数据（who）？分析什么时间的数据（when）？搜集和分析什么样的数据（what）？从哪些地方获取数据（where）？以及怎么搜集和分析数据（how）？

供应链金融大数据 why 的问题

大数据能够反映企业各方面的真实面貌，帮助银行等金融机构对供应链金融的关键利益方（尤其是融资对象）进行深入了解。因为中小企业往往都是无充足资金、无良好资产、无强大信誉的"三无"企业，传统基于财务报表的银行借贷并不能考虑到企业的经营能力、成长潜力和潜在风险。供应链金融的服务对象就是这些"三无"企业中有良好技术、有充足订单、有切实理想的"三有"企业。良好技术反映了企业具有一定的核心竞争力，充足订单反映了企业具有良好的客户关系和市场潜力，切实理想反映了企业具有创新精神和成长活力。企业不管是"三无"还是"三有"，都会体现在数据上，所以大数据能够反映出企业当前运营的显性能力和隐性能力。

显性能力包括技术研发、工艺工程、生产流程、质量管理、组织管控、信息系统、财务运营、品质管理、分销促销、维护客户关系等方面的能力，这些能力实实在在地支撑着企业的良性运营；隐形能力包括领导力、价值观、创新创业、企业文化、团队协调、企业形象、利益相关者公关等方面的能力，这些能力支撑着企业的实际运营，充当企业发展的底层架构。通过对这些方面数据的分析，金融机构既能了解融资企业当前的运营能力，还能了解其未来的发展潜力。

另外，大数据分析还能衡量融资业务的潜在风险，通过对以往数据的分析，判断融资业务可能出现的风险，包括运营风险

（企业可能在未来运营失败，或是未能达到预期目标）、资产风险（资产质量的变化可能导致企业的收益、信誉、资金等方面受损）、竞争风险（企业在市场竞争中的获益没能符合预期目标）、商誉风险（社会事件可能导致企业声誉受损，影响到正常运营），以及战略风险（企业的生存能力、发展方向、企业文化、收益方式等战略性要素可能受到各种不确定因素影响）。

供应链金融需要大数据分析，来更加全面和系统地反映融资企业的运营能力和潜在风险，降低金融机构与融资企业之间的信息不对称。

供应链金融大数据who的问题

供应链金融搜集和分析的数据对象，主要是涉及供应链交易活动中的参与主体，这些主体包括需要融资的企业本身、与融资企业进行交易或合作的客户、与焦点企业合作的服务方、行业网络平台的参与者，以及影响以上主体的行业环境。

搜集分析融资对象的数据，是因为融资对象的特质和行为会直接决定融资的风险。另外，因为供应链融资是基于交易流程，而非企业信用，所以融资的风险源有时未必来自融资对象本身，跟融资对象交易或者合作的客户如果发生违约行为，也会直接导致风险的发生。焦点企业很多时候充当着供应链金融的组织者或服务者，为了获取充足、低廉的资金，一般会与保险、支付平台等服务机构合作，如果这些合作机构发生信用问题，也会对供应链金融产生危害。

此外，在互联网信息技术条件下，很多行业领域都有自己的专业化平台，这些平台上汇聚了许多提供服务的参与者，如第三方物流、政府职能部门等，如果这些平台上的参与者出现信用缺失或操作失误，也会对供应链金融业务造成直接影响。最后，影响上述所有主体的行业环境包括竞争环境和动态环境，竞争环境主要指企业所在行业的竞争程度，动态环境主要指企业目标市场的波动变化，这些都有可能导致整个供应链运营网络的系统性风险。

对供应链金融业务直接相关的参与主体和环境的数据搜集得越全面、分析得越透彻，就越能够为供应链融资决策提供可靠的信息支持，降低融资风险发生的概率。

供应链金融大数据 when 的问题

大数据分析的主要目的，是全面辨识融资企业的显性和隐性能力，避免融资风险，所以在搜集和分析企业数据的时候，既要考虑历史数据，又要考虑即时数据。

历史数据承载着企业过去行为和状态的信息，反映了企业在某些方面的资源基础。但曾经拥有并不等于天长地久，过去的好坏不代表将来的成败。现今的产业和市场环境变幻莫测，更需要对相关企业（尤其是融资企业）进行即时数据的搜集和分析。如果说历史数据记载了企业的纵向状态，那么即时数据就体现了企业的横向状态，因此，即时数据要具备很大规模，要能全面地反映企业当前各方面的运营情况。有效的即时数据分析需要数据的实时采集、实时计算和实时查询。

数据的实时采集，是要能完整地收集到日志数据，越多越好、越新越好，最好将数据的延迟时间控制在秒级左右，这需要采集数据的信息系统配置简单、容易部署、稳定可靠；数据的实时计算，是信息系统不断根据新采集的数据更新运算，比如计算某一产品的平均值，如果在原来一万个产品平均值的基础上又新加入一个产品，要瞬间就能算出这一万零一个产品的平均值；数据的实时查询，就是在数据流不断变化的过程中分析计算、得出结果，并且结果立刻能发送给相关部门，为业务决策提供参照。

只有通过历史数据和实时数据，才能从纵向和横向两个维度全面地勾画企业的运营状态。但毕竟融资业务是活在当下，所以对实时数据的搜集和分析要比历史数据更加重要一些。

供应链金融大数据 what 的问题

供应链金融中搜集和分析的数据，要能真实反映分析对象，具有准确性、一致性、及时性和完整性。准确性，是数据能够切实刻画融资对象的真实状况；一致性，是数据表现形式要稳定；及时性，是要以最新的数据反映融资对象的当前状态；完整性，是数据要尽可能多来源、多形态，从不同方面完整刻画出全貌。所以，供应链金融中数据的搜集和分析一般包括空间和时间数据、主体和客体数据、要素和情感数据，以及单点和网络数据。

时间数据表现了同一分析对象在不同时间的动态数据，这种动态的时间序列能够反映出事物随时间变化的规律；空间数据是分析实体的物理特征，或者经营主体的空间分布，用以表现人、物的相互状态。

主体是指交易活动的参与者，主体数据涵盖了这些参与者的资源、能力、资质、偏好等信息；客体是指交易活动的内容，比如商品、服务、生产设备等，客体数据能反映行业状态、市场变化和潜在风险。

要素是指供应链运营中所需要的各种社会资源。传统的要素包括土地、劳动力、资金、原材料等，互联网环境下的新型要素还包括信息、平台、知识等；情感是一种心灵归属和价值认同，情感数据往往能反映企业用户的体验、感观和想法，通过情感数据的搜集和分析可以进一步提高产品和服务质量。

单点和网络是在供应链运营网络环境下的概念。单点是主体，单点数据是承载供应链中交易关联方的交易、物流、资金等信息的数据；网络是群体，网络数据承载的是某个供应链群体的整体性信息。当前很多行业领域都形成了一定规模的产业集群，所以搜集和分析的数据不应局限于个体，应该更加关注网络群体的相互关系和总体样态。

供应链金融大数据 where 的问题

数据可以从直接渠道或间接渠道两方面获取。直接渠道通常是从供应链体系内部的实体之间，通过交易活动和业务往来获取数据，包括供应链中的企业、金融信贷机构，以及一些关联服务组织；间接渠道是从供应链体系的外部，通过一定努力，借助某些手段，适当用点套路才能获取数据的来源，包括政府管理部门、社会服务部门，以及另一些关联服务组织。

在直接渠道中，供应链运营系统中的企业包括供应链上下游所有参与交易的企业，从这些企业可以获取供应链不同环节的运营和交易数据。比如针对某一融资企业，可以从它的供应商那里获得原材料的品种、交易规模、结算方式等数据，也可以从它的下游客户那里获得销售的规模和渠道、经营品类、品牌价值等数据。第三方物流也是供应链运营的重要数据来源，可以从承运商、仓储企业、货站码头那里获得企业交易的运输和配送、库存结构和周转量、进出口和分销等方面的数据。这些数据能反映出融资企业的运营能力、市场竞争力、客户资源、成长潜力等方面的信息。另外，在开展供应链融资业务时，金融机构首先要对融资企业进行尽职调查和征信，通过收集和分析企业在办理贷款、信用卡、担保等信贷业务方面的数据，判断融资对象的信用水平。

在间接渠道中，政府管理部门负责监管企业的经营活动，这些机构往往掌握着企业日常经营的大量数据，比如海关掌握企业的通关、舱单、外汇核销、进口付汇、出口退税、结汇等方面的数据；质监质检部门掌握企业的基本信息、生产许可、强制性认证、政府奖励、违法违规、抽检合格率等方面的数据；外汇部门掌握企业的贸易、投资、跨境结售汇等方面的数据；税务部门掌握的涉税数据，工商部门掌握的经营数据等。另外，社会服务部门是为企业及其人员提供各类服务的机构，比如水、电、物业等部门，这些部门掌握的企业数据可以从另一方面反映企业的运营状态。比如水电、物业、通信等费用的支付情况，既能反映企业的日常运营状况，又能反映企业内部人员的工作状态。

此外，互联网服务平台、第三方支付平台、保险公司这些组织握有企业的交易、物流、支付、风险数据，从这些数据中可以分析出融资企业的业务状态、市场结构，还可以分析出融资业务的风险程度。再比如一些行业协会、标准化组织、风投等部门，很多时候都会掌握企业的经营历史、人员背景、市场风险、资金和技术结构等方面的数据，这些数据都对供应链金融业务开展具有很大的价值。

供应链金融大数据 how 的问题

很多领域的大数据分析中，获取数据的方法都是多样化的。在供应链金融中，获得数据的方法主要包括：通过企业自身运营和业务往来积累的历史数据、通过第三方机构获得跟融资业务相关的数据、通过公共渠道获得特定的数据等。要获取这些数据，需要根据不同的业务情境，建立不同的协作关系。

在当今信息技术为主导的供应链运营中，获取数据的方法主要来自两个方面：服务平台和物联网。前者主要是企业在电商平台、第三方支付平台、交易服务平台（如物流、金融等）以及政府门户上输入的交易信息，运营这些平台的机构会对这些信息进行传输和存储，这些信息就可以勾画企业各方面的运营状态；后者主要借助条码技术、射频识别、传感技术、全球定位等信息科技，在企业的物流过程中自动采集数据，并对这些数据进行传输、存储，从另一方面刻画企业的交易流程。

在互联网的环境下，很多领域的服务平台和物联网已经连成一体。金融机构或焦点企业在开展供应链金融业务时，往往结合各方面的资源收集数据，并利用云计算、区块链等新兴技术，对融资的各个环节进行控制。

大数据与物联网：数据采集的感官世界

在大数据的采集上，物联网技术发挥着越来越重要的作用。物联网（internet of things，IoT）是通过传感器、电子射频标签（RFID）、红外感应器、GPS、激光扫描器、条码和二维码等信息传感设备，按照规定协议，把一切能连接的物品连接到互联网上进行数据交换，对目标实现智能化的识别、定位、跟踪、监控与管理。也就是说，物联网其实并非特指某种单一技术，而是一种网络，它拓展了人与人、人与物、物与物之间进行的信息交换。物联网技术结构包括三个主要方面：信息感知、网络传输和智能控制；相应地，在技术上分为感知层、网络层和应用层。

感知层相当于整个物联网体系的感觉器官，如同人的眼睛、耳朵、舌头、皮肤这样的感知器官。感知层主要负责两项任务，分别是识别物体和采集信息。识别物体是通过编码来确定物品是什么；采集信息是利用传感器来感知物品怎么样。比如，我们通过眼睛能够识别出眼前有一栋大楼，然后还能识别出这座大楼大概有多高。物联网的感知层的原理也类似，只是对大楼高度的识别要比人眼判断精确得多。除此之外，还包括温度、湿度、压力、光线、声音等方面。而且，感知层的"眼睛"也有很多种，主要包括 RFID、传感器、摄像头、GPS 等。RFID 主要负责对物品的识别，通过读取物品的信息确定物品，比如公交卡就是一种常见的 RFID 技术；传感器主要用来探测物品的温度、湿度、压力等可被感知的因素；摄像头可以实时地采集到物品的动态影像信息；GPS 是利用卫星定位和遥感技术，了解事物的定位和轨迹。

网络层由接入网与互联网的融合网络、网络管理中心、信息处理中心等模块组成，负责传递和处理感知层获取的数据信息；相当于人的中枢神经，对感知器官获取的信息进行传递和加工。其中，接入网包括移动通信网、有线电话网，通过接入网把采集到的数据上传到互联网；网络管理中心和信息处理中心是物联网的中枢，用于存储、查询、分析和处理感知层获取的信息。主要技术有无线接入技术、光纤接入技术、电力网接入技术等。无线接入技术包括 3G、4G、WiFi、蓝牙等；光纤接入技术是指光纤到楼、光纤到路边、以太网到户的接入方式；电力网接入技术是利用电线为物理介质，将相关电器设备连为一体，实现一种局域网。

应用层由各种应用服务器组成，主要功能包括对采集数据的汇聚、转换、分析，以及用户方呈现的适配和事件触发等。由于感知层最初从末梢节点获取大量的原始数据，这些原始数据需要经过筛选、转换、分析、处理后才有实际价值。就像我们的眼睛每天会看到无数陌生的面孔，但我们的大脑会过滤掉那些不相关的，只保留想记住的。应用服务器也是根据用户的呈现设备完成信息的适配，并根据用户的设置触发相关的通告信息。也就是说，应用层主要是在用户终端（PC、手机等）提供物联网应用界面。

大数据与云计算：盘活算力存量

云计算（cloud computing），是基于互联网的相关服务的增加、使用和交付模式，一般是通过互联网来提供动态扩展的虚拟化资源。也就是说，云计算其实是一种依托互联网的计算方式，目的是在云平台的支持下让大数据得以保存和处理，而这些功能的实现是以共享算力为基础的。比如，A君和B君在同一个单位上班，但是由于职位和工作内容不同，A君忙得冒烟，B君闲得没事干。单位领导发现这个问题之后，就把A君和B君编到一个团队里，统筹分配他们的工作，好发掘他俩共同的聪明才智。如果把A君和B君换成服务器也是一样的道理，一个由管理员在互联网上统筹调度不同服务器的计算能力，让闲置的服务器也参与分担复杂计算的一部分工作，这种计算模式就是云计算。

再比如，每到年底都是各种商场超市的销售旺季，各家各户都准备年货，大量顾客涌入，各类商家使出浑身解数扩大销售额。这时，商场的售货员忙不过来了，需要从其他地方调集人手支援，但等旺季一过，支援人员又没有存在意义，于是就让他们从哪里来回哪里去。如果每到旺季有 N 家商场都人手不够，就会出现一种劳务中介公司，专门负责在旺季时向各大商场派遣临时的销售人员。如果把这些销售员都换成服务器，劳务中介公司就是云平台。从技术上看，云计算包括了分布式计算、并行计算、效用计算、网络存储、虚拟化、负载均衡、热备冗余等一系列技术，这些技术共同保证了云计算的高扩展性、高可用性，以及较低的使用成本。

云计算主要有三种服务形式：基础设施即服务（infrastructure-as-a-service，IaaS）、平台即服务（platform-as-a-service，PaaS）和软件即服务（software-as-a-service，SaaS）。其中，IaaS 是云平台通过互联网为企业用户提供场外服务器、云存储和网络硬件，企业用户可以在任何时候通过完善的计算机基础设施获得服务，利用这些硬件进行自身需要的计算，如硬件服务器的租用；SaaS 是云平台通过互联网提供软件的模式，将应用软件统一部署在服务器上，用户企业无须购买软件，而是根据自己的需求，通过互联网向服务商租用所需的应用软件，并按订购的服务多少和时间长短支付费用；PaaS 是将软件研发的平台作为一种服务，即在网上提供各种开发和分发应用的解决方案，以 SaaS 的模式提交给用户，以此可以认为 PaaS 也是 SaaS 的一种应用模式，但 PaaS 促进了软件个性化定制开发，这不但加快了 SaaS 的发展，也让分散的组织之间的协作变得更加便利。

也就是说，IaaS 就像自来水厂或电网等基础设施，用户自行购买，按量使用，用多少计算花多少钱；SaaS 就像酒店或餐厅，不用考虑基础设施，只是花钱享受服务；PaaS 就像企业孵化器，提供一些场地、公共设施等基础性服务。从技术上看，大数据与云计算密不可分。大数据分析的巨大运算量没法用单台计算机处理，必须采用分布式计算架构。它的特色在于对海量数据的挖掘，但它必须依托云计算的分布式处理、分布式数据库、云存储和虚拟化技术。

大数据与区块链：天地之间有本账

近几年来，区块链（block chain）技术为大数据的应用提供了一个新的发展方向。区块链，就是由很多区块（block）组成的链（chain），其实它本质上是一种分布式、去中心化的网络数据库系统，在这个网络数据库中，可以发生无数各类交易，所有交易的数据通过加密的形式压缩成一个超级小的数据文件，由网络中所有的参与者共同来确认和维护。区块链具有五个特点：去中心化、时序数据、集体维护、可编程和安全可信。

去中心化，就是在 P2P 的网络结构下，数据的验证、记账、存储、维护和传输等过程，都是网络中端点对端点的直接操作，不存在一个数据集散的中心组织；时序数据，是采用带有时间戳的链式结构存储数据，具有极强的可验证和可追溯性；集体维护，是区块链所在网络的所有节点，均可参与数据的验证；可编程，是区块链技术可提供灵活的脚本代码系统，支持用户创建智能合约、数字货币等去中心化的应用；安全可信，因为区块链技术采用非对称密码学的原理对数据进行加密，确保了数据的安全性，并同时借助全网各节点的共识算法形成的强大算力来抵御外部攻击，使数据很难被篡改和伪造。

因为区块链的网络数据库本质上就是个电子版的账本，这个账本全网的参与节点人手一册，所以当前很多企业利用区块链技术开发分布式记账功能，以求在供应链金融业务中缓解信息不对称导致的信任风险。比如，张三如果在微信群里大喊一声要给李四10块钱，群里所有人就都看到这条消息了，如果张三反悔，就需要删除群里所有人手机里的消息（区块链中认定为至少51%的篡改量），这种可能基本是不存在的，这就是区块链的分布式记账几乎没法篡改的原理。

因为区块链是由很多区块组成的链状数据库，所以可以把区块链视为一本"总账"，上面的每个区块就像记载着交易数据的每一"页"，这些页都有唯一的"页码"，这个页码就是每个区块的版本号，这些版本号前后相连，构成了区块的前后顺序。每个区块包含了区块头和区块主体两部分，区块头记载了区块中的属性信息，包括版本号、前区块哈希（Hash）值、默克尔（Merkle）根、时间戳、难度目标、随机数（Nonce）；区块主体则记载了本区块中的交易内容，但这些内容是经过某种哈希算法加密的，当前通常使用SHA-256（安全散列算法）进行区块加密，这种算法可以将长短不一的数据明文统一输出为32个字节的代码。

区块链通过哈希算法对每个区块中的交易信息加密，哈希算法是一种单向密码体制，也就是加密和解密是两套方法，用加密的方法不能进行逆向解密，加密方法称为"公钥"，解密方法称为"私钥"。每段数据的哈希值是唯一的，哪怕只更改原数据的一个字母，都会随之产生不同的哈希值。就这样，每个交易数据对应一个加密的哈希值，N 个交易数据就有 N 个哈希值，然后一层一层算上去，就形成一个 Merkle 树，最终得到的哈希值就是 Merkle 根（见图 7-1）。

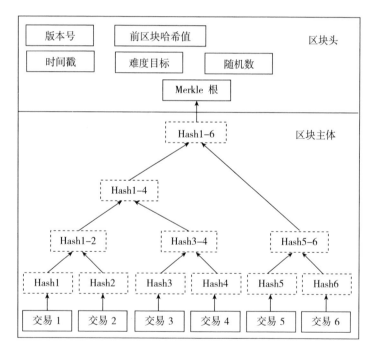

图 7-1 区块链数据结构示意图

当两个节点的区块的数据进行同一性校验时，只需从 Merkle 根开始对照就行，Merkle 根一致了，下面的数据不用再看了；Merkle 根如果不一致，可以一层一层对照，最终会找到不同的交易数据在哪里。

当前，区块链根据开放程度不同，主要分为公有链、私有链和联盟链。公有链向全球开放，世界上任何一个节点都可以参与进来，发送、读取和确认交易信息，并建立区块；私有链比公有链的开放范围小得多，也不向所有人开放，只有某些特定的节点才能应用，通常是由一个组织拥有创建和维护的权限；联盟链的开放范围是介于公有链和私有链之间，是由多个组织或机构通过联盟的形式组建的区块链，联盟成员之间通过某种形式（如契约）建立信任和共识机制，构造区块和链接功能仅限于联盟内部，访问权限对外采取限制性开放。

小结

　　供应链金融与 P2P 互联网金融的最大区别，在于供应链金融的资金融通是和资产绑在一起的，相对于互联网金融的缥缈，供应链金融更加实际。依托于物流和贸易的供应链金融，需要大数据为每个业务环节提供参照依据。大数据能够反映企业各方面的真实面貌，分析对象主要是涉及供应链交易活动中的参与主体，分析目的是全面辨识融资企业的显性能力、隐性能力和潜在风险，数据要具有准

确性、一致性、及时性和完整性，数据可以从直接渠道或间接渠道获取，但很多领域的数据获取方法可以是多样化的。物联网是采集大数据最重要的技术之一，从技术上可分为感知层、网络层和应用层。企业对大数据的分析计算往往需要用到云计算技术，云计算其实是一种依托互联网的计算方式，是在云平台的支持下让大数据得以保存和处理的组织形式。区块链技术具有分布式、去中心化的特点，可以在大数据的应用方面降低信息不对称，提升中小企业的融资信用。

第8章　生产性服务中的供应链金融

生产性服务的产生与发展：制造业修炼手册

在说生产性服务业的供应链金融模式之前，首先要了解什么是生产性服务业。生产性服务也是一种服务，却跟我们通常理解的服务不太一样。我们平时生活中接触的服务基本属于消费性服务，比如去餐厅吃饭、出去旅游、通过中介找工作或者找对象什么的，这些服务都是直接面向消费者的，而生产性服务是面向生产企业提供的服务。

回首二三十年前，很多大型的国营生产企业自己就是个小社会。企业内部包罗万象，不但有各个生产部门、研发部门、销售部门、物流仓储部门，还包括各种后勤保障、财务、法务、宣传、食堂、幼儿园、小卖部等等。因为当时的信息沟通不方便，企业为了寻找这些资源需要付出很多的时间、精力、金钱等方面的成本，这在管理学里叫作交易成本。所以，这种类似小社会的综合性企业可以节省不同部门之间的交易成本，这在当时的年代是合理的。

当今的信息技术发展促使不同地域之间的联系犹如近在咫尺。通过互联网，企业可以方便地获得采购、销售、物流、商贸、研发、金融等相关服务，不用再像以前一样费尽周折地寻找这些资源。在这种情况下，生产企业只要专心搞好自己的生产就行了，其他为生产配套的业务可以外包。比如，一些仓储物流可以交给第三方物流，财务审计可以交给专业的审计事务所，销售渠道可以依托商贸公司，宣传可以交给广告公司。这样一来，生产企业不但节省了不必要的开销，还能得到更加专业化的服务。

所以说，生产性服务就是面向生产企业提供的服务，生产企业可以借助这些服务，甩掉本来跟生产运营没什么关系的业务，把好钢用在刀刃上，节省无用的资源支出，集中精力发展自己的主业。因此，像交通运输、仓储、商贸、广告、咨询、律所这些行业都可归结为生产性服务业，这里也包括了给企业融资的金融机构。

生产性服务的类型：虚与实的组合

随着信息科技和管理技术的发展，当前的生产性服务大概分成了三种类型：业务流程型服务、技术应用型服务，以及系统集成型服务（见图 8-1）。

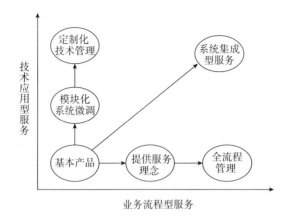

图 8 - 1　生产性服务的类型结构

欲了解业务流程型服务，先要了解一个管理学的术语——虚拟生产。如果说一个生产企业在现实中组织生产，那么它需要东奔西跑、费尽周折地采购原材料、引进技术、寻找销售渠道，这些都要耗费企业大量的时间、精力和费用开支。现在的信息技术可以很大程度上消除空间阻隔，从原料采购到产品销售，整个生产流程都可以在虚拟的网络上完成，相互不用见面就把事办了，所以管这种生产叫作虚拟生产。在虚拟生产的流程中，通常会存在一个平台企业，各种生产性服务通过这个平台被整合到一起。平台企业在业务流程上为客户提供一系列的合作性或是交易性的服务，协调客户与其他相关实体进行虚拟生产，通过经营流程的协调，满足客户的需求，降低供应链的整体运营成本。

技术应用型服务，主要强调上下游企业根据客户的特定需求，在技术方面相互调整。就像小夫妻过日子，为了未来共同的幸福生活，总得调整一下自己原来的习惯秉性。在产业情境下，这类服务提供从基本产品到交易系统的微调，再到特定的技术服务，要求企业能够灵活地响应不同客户的诉求，提供定制化的技术、产品解决方案。这类场景主要出现在工业产品、工程项目等技术密集度很高的业务中，通过技术应用上的整合，与人方便与己方便。只有在更大程度上满足市场需要，才能发挥企业自身的技术产品能力，实现共同的商业价值。

系统集成型服务，就是针对不同客户千差万别的商业诉求，提供总体解决方案。所以，这类服务兼具上面两种服务的优势，是企业通过资源、能力、知识的整合，全面满足客户的特定需求，为客户提供一套打包式的一揽子解决方案。正因如此，提供这种服务需要企业在资金、技术、业内实践、客户资源等很多方面具有相当程度的实力基础。

生产性服务中的供应链金融模式：流程和产品的维度

金融作为生产性服务的重要环节，根据上述三种服务类型的逻辑，可以区分出供应链金融运作的三种模式，分别是流程导向型服务的供应链金融、产品导向型服务的供应链金融和整合型服务的供应链金融（见图 8-2）。

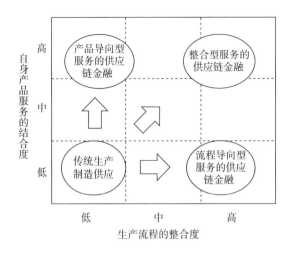

图 8-2 生产服务领域的供应链金融模式

流程导向型服务的供应链金融

流程导向型服务的供应链金融，是一种与业务流程型服务相对应的金融服务。因为虚拟生产是通过信息技术打破传统的空间阻隔，细化产业分工，快速响应市场需求，所以这种生产模式就是组建扁平化的、既有竞争又有合作的、动态性的企业联盟，大家各取所长地开展生产活动。流程导向型服务的金融业务模式，一般是平台企业充分运用信息技术对外部资源进行整合，并且将资金运作嵌入到客户的订单执行过程中，为客户实现从原料采购、加工生产、分销、物流，以及进出口等环节的一系列服务，打造一个完整的生产运营体系。

在这种生产模式下，金融活动的作用主要表现在两个方面：

一是黏合虚拟生产企业之间的合作关系，以充足的资金在合适的时间将合适的企业以合适的方式迅速聚合起来；二是推动生产的扁平化，因为现金流周期很大程度上反映了供应链运作的效率，代表供应链中从原材料投入到产品销售实现过程中价值的实现时间，通过减少应收和应付账款的时间，可以在不影响正常应收应付的情况下，帮助生产经营活动顺利开展。

这种金融服务模式对于客户而言，一来可以大大降低生产运营中潜在的交易成本，提高生产效率；二来缩短了客户的现金流量周期，提高资金运营效率；三来使客户外包其他非核心业务，节省资源专心于产品的生产和研发。对于提供金融服务的企业而言，一来可以渗透到客户所在行业，通过参与虚拟生产建立战略协作关系；二来通过产金结合，实现金融与生产运营的共同利益。

但是，并不是只要有钱就可以在虚拟生产中提供金融服务，要开展这项业务需要具备几个前提条件：第一，要非常熟悉客户所在行业，了解该行业的经营特点和运行规律；第二，要具有很强的生产组织和管理能力，特别是在流程设计和质量管理方面；第三，要建立良好的信息网络系统作为开展业务的技术保障，并且同步管控分散在不地域的生产和服务企业；第四，要具备良好的资金调配和风险管理方面的能力。

产品导向型服务的供应链金融

产品导向型服务的供应链金融，是另一种与技术应用型服务相对应的金融服务。跟前一种模式相比，这种模式强调金融在定制化生产和分销中的作用，通过金融杠杆促进上下游的整合，定制化地研发、生产和分销企业自身的产品和服务。具体来说，在一些供应链中，生产企业会充当焦点企业，这些企业为了顺利地销售产品，会帮助下游客户融资，让它们用融资购买自己的产品。

在这种金融业务中，一般是充当焦点企业的生产企业与银行合作，向银行提供需要的征信资源，两方共同为上下游企业提供一种定制化的融资方案。这种生产企业实力强大，既负责设计和生产，又提供产品的配套设施和服务，并且在银行那里有很高的信用。很多时候，生产企业有多个下游客户，每个客户的具体情况千差万别，胸围、腰围、臀围、肩宽、臂长的尺寸都不一样，这种金融服务的技术含量就在于，能根据不同客户量体裁衣，设计出符合不同交易情境的融资方案。在融资方案里，焦点企业会动用它各方面的社会资源，帮助下游客户联络合适的金融机构。下游客户得到融资之后，专款专用，用融到的资金购买焦点企业的产品。这样一来，焦点企业不但能顺畅地把产品卖出去，还能同下游客户形成更加稳固的协作关系，建立起以经济利益为基础的深厚友谊。

所以说，产品导向型服务的供应链金融，一般就是焦点企业凭借自身的能力和关系，以上下游客户为特定对象，通过运用金融资源帮助客户融资，同时促进自身产品销售和业务发展，并拓展供应链服务的空间。对于焦点企业而言，可以通过金融夯实自己的供应链，又能通过供应链的发展带动金融资源的增加，形成一种良性循环，为新的产品销售和业务发展提供条件。对于下游客户而言，这种融资服务降低了采购成本，可以将资源和精力投入到核心业务中，也有利于与上游焦点企业建立稳定的合作关系，抱住大腿，共享资源。

但是，要开展产品导向型服务的供应链金融业务，同样需要几个前提：第一，企业自身的供应链网络已经非常成熟，具有完善的供应商和客户管理体系；第二，上游企业具有较强的技术和产品的运营能力，能在设计和生产上满足不同客户的技术诉求；第三，企业要自己承担供应链风险和金融风险；第四，企业要具备丰厚的社会资源、强大的商业信誉，以及德高望重的江湖地位。

整合型服务的供应链金融

整合型服务的供应链金融，是对应系统集成型服务的一种金融服务。这种金融服务兼具流程导向型和产品导向型两者金融服务的特点，焦点企业通过帮助供应链中的中小企业获得融资，让它们进行虚拟生产，同时利用信息技术手段，回避生产流程中的各种障碍，并且在这个过程中销售自己的产品，稳固上下游企业间的协作关系。这种整合型服务要求焦点企业能够渗透到全供应链的每个环节，让其他企业紧紧团结在以焦点企业为核心的供应链网络周围，并且基于这个网络体系建立起一个小型的产业生态。

具体来说，整合型服务的供应链金融的主要作用，是实现从原料采购到加工生产，再到分销、物流、销售全产业流程的整合，一方面帮助客户获得生产性服务资源，形成虚拟生产；另一方面将自身的产品和技术嵌套在这个流程中，稳固自身供应链上下游的协作关系，促进各自的业务发展。

由于生产要素的特殊性和复杂性，信息不对称的现象非常严重，外行经常被内行糊弄。特别是行业整合度较低的领域，各种要素市场分布在各地，市场状态变化无常，很多时候买卖双方很难相互了解。生产流程如果能够被焦点企业高度整合，则会降低供应链运营的复杂度，为所有企业节省不必要的交易环节，降低交易成本。另外，定制化的金融服务也能使客户更好地了解焦点企业的产品、技术和相应的配套服务，保证技术和产品的有效运用，稳定供需关系。对于焦点企业而言，一则可以通过金融服务，将自己的产品和技术嵌入所提供的集成服务中，促进销售和业务范围的拓展；二则可以通过行业整合，使自己成为产业流程的组织者和管理者，稳定供应链体系，提高供应链整体竞争力，进而反哺自身业务的可持续发展。

要开展整合型服务的供应链金融业务，同样需要具备几个前提条件：第一，需要具备良好的供应链设计、组织和运营管理能力；第二，不仅要擅长自身的生产管理，还要具有很强的市场拓展能力；第三，自身的技术和产品具备较强的竞争力，拥有完整的产品线及配套资源；第四，能顺利地获取金融资源，具有将金融资源融合进供应链运营中的商业智慧；第五，要具有很强的风控能力，能够分散和降低供应链金融业务中的潜在风险。

小结

　　生产性服务业就是专门为生产提供各种相关服务的行业，这里也包括融资服务。生产性服务分为业务流程型服务、技术应用型服务和系统集成型服务，与其相对应的供应链金融业务也大概分为流程导向型服务的供应链金融、产品导向型服务的供应链金融和整合型服务的供应链金融。其中，流程导向型服务的供应链金融，主要是将金融业务嵌入虚拟生产流程，便于供应链中各方主体的顺利协作；产品导向型服务的供应链金融，是生产企业作为供应链网络中的焦点企业，同银行一起向下游中小企业提供定制化的采购融资方案；整合型服务的供应链金融，是同时兼具生产的流程管理服务和自身产品的销售，双管齐下，为中小企业提供从采购到销售的全套融资服务。

流程导向型服务的供应链金融案例

创捷：虚拟生产流程中的金融服务

深圳市创捷供应链有限公司（以下简称"创捷"）成立于2007年，是一家以互联网信息化技术为基础，以电子商务和供应链服务为主要业务，首创产融结合的供应链金融生态圈模式的国家级高新技术企业，前身是 1995 年成立的创捷科技有限公司的进出口事业部。目前，创捷是海关总署认定的 AA 级企业海关客户协调员制度企业、深圳市税务局直通车企业、ISO9001：2008 国际质量体系认证企业；在北京、上海、重庆、香港，以及福田保税区设有分公司及办事机构，主要业务包括供应链管理、进出口贸易、电子设备器材购销、供应链系统研发等综合性的供应链运营，聚焦的产品类型主要是 IT 产品、通信产品、电子元器件、快速消费品、汽车零部件、医疗器械、新材料新能源，以及消费类电子产品等八大领域。

创捷供应链专注于"垂直电商＋供应链金融"的模式，并与国际知名管理顾问公司及软件供应商建立了战略联盟，开发出一套国际一流、国内领先的供应链电子商务 E - SCM 平台，将供应链管理全面推向信息化。借助这套信息系统，创捷构建了一个供应链金融生态框架，并推进框架内的产融联盟，打造一个依托移动互联网技术实现万企互联的产业供应链智联网。具体来说，创捷的业务由低到高涵盖了供应链的执行服务、集成服务和方案服务三个层面。

第一层面的供应链执行服务，就是为客户操作和执行它们上下游之间具体的基础活动，比如进出口的报关通关、国际国内的物流仓储管理，以及寻找销售渠道等。这类服务面向各行各业，客户比较分散，而且业务内容本身技术含量并不高，只是受客户委托办理相关手续，所以一般不对客户和行业进行具体的区分，而是根据业务规模收取相应的服务费用。

第二层面的供应链集成服务，包括虚拟生产的组织和管理、国内深度分销，以及全球化采购，这类服务需要具备很强的专业知识，在行业管理上也需要相应的经验，所以目前的服务对象主要集中在 IT、通信、新材料、新能源，以及机电设备等产品，而目标客户主要是在设计和技术方面具有竞争力的成长型中小企业。

第三层面的供应链方案服务，主要是为客户打包提供一体化的供应链解决方案，包括交易流程规划、上下游网络设计、资金全面解决方案等，这将使创捷成为真正的供应链服务集成商，也是其未来的发展方向。

深圳创捷之所以可以开展流程导向的供应链融资服务，首先是因为它有一个非常先进的 E-SCM 平台，也就是电子信息化的供应链管理平台系统。创捷的 E-SCM 平台包括了若干子系统，不仅包括企业资源计划（ERP）系统、办公自动化（OA）系统、客户关系管理（CRM）系统，还包括供应链关系管理（SRM）系统、仓库管理系统（WMS）、货物运输管理系统（TMS）、银企直联的 E-bank 系统、快速通关（QP）系统，以及金税系统等（见图 8-3）。但与游戏不同的是，这些管理系统背后都是有实实在在的实体组织。创捷是通过虚拟的操作界面，调配现实中不同的实体组织，开展虚拟生产，并且在这里面为生产企业提供融资方案。

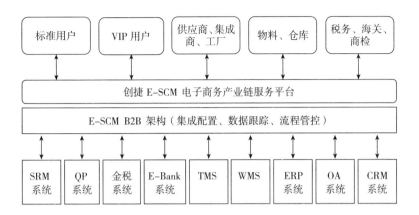

图 8-3　创捷供应链 E-SCM 系统业务架构

通过这些子系统，创捷的 E-SCM 平台在前端实现了与供应链参与者的协同，也就是说这个系统可以与很多其他相关企业的管理系统对接，实现系统之间的数据传输和信息共享，比如与上下游企业的供应链协同、与银行的银企直联、与海关的快速报关、与税务部门的金税直联等等；在系统的中端实现了对供应链各生产环节的控制，包括关务、仓储、配送、保税、对虚拟生产的管控，以及供应链融资；在系统的后端实现了对供应链各业务环节的控制，包括财税管理、风险控制、计算、结算，以及信用评估等。在 E-SCM 平台的基础上结合完善的虚拟生产管理流程，创捷形成了一套便捷高效的物流、资金流、信息流、商流整合化供应链运作模式。

比如，A 企业是一家全球领先的无线通讯技术产品和服务提供商，具有全球接单能力，以强大的研发能力作为其核心竞争力。但 A 企业自身不具备生产手机的硬件设备，同时缺乏专业的供应链管理能力，需要建立一个适合其自身需求的具备敏捷性、适应性、协作性的供应链管理体系。如果 A 企业自己寻找生产和销售的途径，需要付出很高的交易成本，并且由于无线通信领域具有产品更新速度快、生命周期短等特点，这就要求其供应链要速度更快、效率更高、决策能力更强。针对这种情况，创捷就为 A 企业提供了一整套的供应链管理解决方案，在这套方案中，A 企业将其供应链中的货物进口、国际国内物流、资金、银行、税务等环节外包给创捷供应链，以创捷供应链的核心竞争能力支持客户 A 的非核心业务，客户 A 可以更专注于产品的研发、制造和销售环节。

首先，A 企业做出一款手机的设计方案之后与海外客户协商，达成这种手机的买卖协议；A 企业委托创捷为这种手机寻找生产方，海外客户直接向创捷下采购订单，并向创捷预支一部分货款。然后，A 企业根据它的设计需要，向创捷指定关键零部件的供应商名单，创捷这时候代替 A 企业向指定的零部件供应商支付货款，实施采购；对于 A 企业未指定的非关键零部件，由创捷代为寻找供应商，并同样替 A 企业支付货款，实施采购。接下来，创捷组织物流将这些零部件运送到组装厂，进行手机的组装生产，还是由创捷代 A 企业支付组装加工的费用。等组装厂生产出成品了，创捷和 A 企业一起进行质检；质检合格后，组装厂把这批手机成品交给创捷，创捷在这之后开始组织这批手机产品的通关、商检、结汇、退税等手续，把这批产品送达到客户那里。

当 A 企业与海外客户完成交易、收回尾款之后，向创捷支付它之前垫付的款项，以及组织一整套虚拟生产的服务费用（见图 8 - 4）。

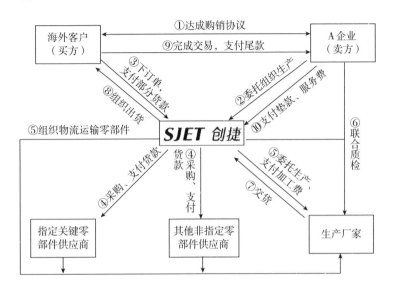

图 8 - 4　创捷的虚拟生产流程示意图

通过这个流程，A 企业可以将烦琐的组织生产的环节外包给创捷，自己只专注于手机的设计和研发，还能从创捷那里获得前期的资金支持，避免形成资金缺口。创捷通过自己强大的供应链流程组织能力，跟有发展潜力的创新型中小企业形成了紧密的业务关系，并且还能获得良好的经济收益。创捷供应链 E - SCM 平台具有的数据实时性高、交互能力强、数据准确度高、响应速度快等优点，使创捷供应链成为 A 企业的优秀合作伙伴，深得其信赖。

首先，在方案实施以前，A 企业须在该项目供应链平台配置

50 人以完成 3 亿业务量的操作；方案实施后，客户只需 6 名操作人员，配合创捷供应链该项目组人员 7 名，共 13 名人员即可完成 5 亿业务量的任务，A 企业的人力成本大幅下降，业务处理能力提高 65%。

其次，由于信息支持到位、准确、及时，供应链流程整体效率提高，生产周期从原来的 35 天缩减至 25 天；价格定位原来报价需时一周，缩减为 2 天即可根据成本准确报价；原材料备货量由原来的 60 天减少 50% 至 30 天，盘活大量资金。

再次，在方案实施前，客户 A 需要四地机构或部门配合，共同管理原料仓、成品仓以及加工厂，沟通成本及人力成本过高；方案实施后，客户由独立为其开放的端口进入创捷供应链 E－SCM 平台，监控管理统一在平台上完成，便捷有效地实施管理，帮助客户释放其在供应链上的管理成本，有效提高供应链的决策准确率，能够将更多人力物力回归其核心业务。

川山甲：MRO 工业品的"物联网＋B2R"平台

川山甲供应链管理股份有限公司（以下简称"川山甲"）始建于 2004 年，总部位于杭州，前身是浙江川山甲物资供应链有限公司。2013 年 9 月，川山甲变更为股份有限公司，并于 2016 年 4 月完成新三板挂牌。川山甲以全球工业品供应链管理综合服务商为战略定位，依托大型制造企业和产业集群区，向上下游产业链延伸，发展包括库存管理、采购管理、工业品 B2R 交易平台、供应链管理、集中分拣配送、供应链金融，以及物联网溯源等在内的综合性服务，为国内外生产制造企业提供集展示、交易、分拣、配送、库存、融资和信息化管理服务于一体的解决方案，将客户企业从繁杂的工业品管理中解脱出来，帮助客户降低成本、提高效率，打造基于"物联网＋B2R平台"的工业品智慧供应链。

目前，MRO（Maintenance，Repair，Operation）工业品的传统流通方式逐渐成为了制造业转型升级的重要掣肘。MRO工业品是指在企业生产过程不直接构成产品，只用于维护、维修、运行设备的物料，包括紧固件、专业工具、维修机具、备品备件、仪器仪表、耗材、安全及安防、气动液压、泵及管网件等多个品类。对企业而言，MRO工业品的采购量相对于生产性物料少很多，但是却直接影响到企业的生产运营。

流通供应链环节多、效率低、成本高，是很多传统行业的通病。我国工业品的流通方式还处于比较落后的状态，与消费品流通相比基本还处于20年前的水平，工业流通总成本高于发达国家40％以上。MRO工业品的流通方式仍以传统经销代理模式为主，MRO工业品制造商生产的产品首先销售给总代理，然后由总代理负责分销，经过多层代理之后，由终端零售商销售给终端客户。经过原材料供应商、产品制造商、经销商/代理商、零售商，再到终端用户，存在环节多、效率低、信息孤岛、库存积压、资金占用大等问题。

对MRO工业品的制造商而言，产品销售中间环节多，渠道成本高，对渠道控制力较弱，无法及时准确获取销售数据，对市场变化响应慢，库存控制难度大，并且假冒、窜货频发。对代理商而言，MRO工业品制造商压库存给总代理，总代理再层层向下游转移库存，形成了供应链中的牛鞭效应，各级代理商库存压力大，资金占用多。对零售商而言，产品品种多，备货压力大，管理难度高，客户账期长，配送成本高，因此往往只能维持较小的经营规模。对终端客户而言，MRO工业品价格不透明，质量无法保证，供应商数量庞大，采购要消耗采购部门大量精力。

从供应链整体的角度来看，由于供应商多为中小型的传统贸易商，服务能力弱，难以满足终端客户的MRO工业品采购及仓库管理等非核心业务外包需求。另外，终端用户结算不准时，采购成本增加30%以上。由于MRO工业品辅料品种多、标准不规范，所以质量难以控制，价值难以评估；加上货物管理难、无历史业务数据、无信用平台等因素，传统金融服务难以对接。所以除大宗物资外，我国制造企业的其他动产变现率极低，目前我国MRO工业品的贷款率仅为3%，而国外是60%。

MRO工业品的消耗量通常占一家制造企业主营业务收入的2%～3%。根据国家统计局数据，2013年我国规模以上工业企业的主营业务收入约为102.91万亿元，按照2%～3%测算，我国当年的MRO工业品市场空间约为2万亿至3万亿元。

在传统供应链结构下，经销商/代理商第一要承担供需信息传递的责任，要为上游传递下游的需求信息，要为下游传递上游的成本、价值与品牌信息；第二，要承担库存缓冲与货物交付的责任；第三，要承担资金缓冲的责任；第四，要创造规模化效益；第五，甚至还要负责售后及逆向供应链服务。所以如果要缩减中间环节，就必须找到替代的方式，并且方式要更优。

川山甲的供应链管理"物联网＋B2R 平台"（Business to Retailer）模式将电子商务、连锁经营、现代物流管理、供应链金融和物联网、大数据等经营方式融为一体，形成工业互联网平台，让生产要素在平台上流动，省掉流通供应链中的低效和无效环节，让供应链更高效、成本更低、价值更大。尤其是 B2R 通过思考问题一体化、综合管理智慧化、经营运作网络化、硬件平台智能化的"四化"原则，缩减了中间环节，优化了关键节点，将商流、物流、资金流、信息流进行集成化运营，使供应链的结构更简单，管理更高效，运作成本更低，帮助工业企业达到降本增效的目的。

在这中间，川山甲平台服务扮演"三个角色"：对终端客户来说，川山甲是 MRO 零库存管理服务商；对 MRO 工业品制造商来说，川山甲是基于物联网的渠道管控系统集成运营商；对供应商来说，川山甲是 MRO 合作社服务平台。

面向终端客户，川山甲提供 MRO 工业品的零库存管理服务，通过零库存供货服务、供应渠道优化服务、仓库管理服务等方式帮助客户实现 MRO 原材料零库存管理目标；面向 MRO 工业品制造商（品牌商），川山甲提供基于物联网应用的商品流通渠道管控服务，协助企业在产品销售、分销成本控制及业务管理方面加以改善优化；面向供应商，川山甲提供 MRO 合作社服务，供应商只要成为川山甲的会员服务商，为终端客户供货并服务，就能共享合作社资源，具备与大客户合作的地位及能力（见表 8-1）。

表 8-1　　　　川山甲供应链服务内容结构表

终端客户	（1）零库存供货服务：客户将全部或部分 MRO 工业品采购外包给川山甲，采购的价格经过客户确定，原则上不高于客户原采购价格，通过 VMI＋JIT 服务帮助客户实现零库存供货目标。
	（2）供应渠道优化服务：平台上整合了大量优质品牌供应商资源，具有质量可靠、成本更低、服务更佳等优势。根据客户的实际需求，通过电子采购招标平台等方式帮助客户实现其供应渠道优化。
	（3）仓库管理服务（智慧仓库）：根据对客户 MRO 工业品仓库的实地调研和需求分析，为客户提供包括库区库位规划、商品整理上架、商品资料采集整理、仓库管理系统上线、仓管员业务培训、管理信息化咨询等在内的综合性仓库管理信息化服务，并可提供智能货柜终端服务，一步到位解决客户仓库管理的相关难题。
MRO 工业品制造商	（1）5S 服务站产品寄售服务：利用 5S 服务站连锁网络、广泛的会员服务商体系和会员客户对象，帮助会员制造商销售产品。
	（2）分拣配送服务：提供统一的分拣配送、仓储管理服务。
	（3）产品全程可追溯服务：应用基于物联网的产品追溯系统、供应链管理系统，结合 5S 服务站连锁网络、智能物流配送体系，使商品流通过程封闭可视化，信息管控直达终端，全面把控终端需求。
	（4）供应链金融服务：支付结算、库存融资等服务。

续前表

供应商	（1）共享川山甲 5S 连锁服务网络，提供终端服务能力。
	（2）共享川山甲智能货物配送体系，提升物流配送能力。
	（3）共享川山甲供应链管理信息系统，提升信息化管理水平。
	（4）共享川山甲优质品牌供应渠道，抱团采购降低采购成本。
	（5）共享川山甲强大资质，提升与大客户的谈判地位，获得短账期、现金汇款等优惠条件。
	（6）川山甲提供供应链金融服务，解决融资问题。

总结可归为以下几点：优化采购方式，降低交易成本；建设线下网络，提升服务水平；升级结算方式，降低结算成本；集中智能仓配，降低物流成本；依托大数据，控制融资风险；物联网溯源，解决假货窜货。通过重构整个 MRO 工业品供应链体系，中国制造企业可节省 40％的成本。

产品导向型服务的供应链金融案例

陕鼓：对下游客户需求的量体裁衣

陕西鼓风机有限公司（以下简称"陕鼓"）始建于 1968 年，1975 年建成投产，是一家生在新中国，长在红旗下的大型成套装备企业。2000 年之前，陕鼓主要是依靠引进技术、添置设备、增加人员、自产自销这样一种传统的"拼体力，拼设备"的经营模式；2000 后，陕鼓提出了"两个转变"：一是以客户为核心，价值驱动经营；二是品牌经营，突出经营的系统性和综合性。此后，陕鼓的经营表现出四个特点：（1）从为客户提供设备，转向为客户提供成套的解决方案；（2）从经营要素的高度内部化，转向内外资源整合构建核心能力；（3）从与客户之间的单一买卖关系，转向长期的持续性服务；（4）从自身的实际生产转向以自身为核心的虚拟生产网络。陕鼓现有总资产30多亿元，员工将近3 000人，主要产品有轴流压缩机、能量回收透平装置、离心压缩机、离心鼓风机、通风机五大类产品，共80个系列、2 000多个品种规格，下游客户主要分布在钢铁、冶金、石化等领域。

2006年后，陕鼓进入了供应链运营扩展阶段，一方面将更多的管理创新流程化、制度化；另一方面进一步强化对上游供应商和下游分销商的管理。同时，陕鼓建立了实时的、集成的信息平台，以此将各方面的管理整合在一起，尤其是将资金流的管理与商流、物流和信息流结合，从而实现一种供应链金融服务和管理。总体来说，陕鼓开展供应链金融业务的主要目的，是向购买自家设备及配套服务的客户提供综合性的融资服务。下面介绍两种陕鼓比较有代表性的供应链金融服务模式。

第一种是"卖方信贷买方付息"融资模式。对于有融资需求的战略合作伙伴、优质客户、重大项目，陕鼓会提供一种叫作"卖方信贷买方付息"的融资服务。具体来说，首先，陕鼓跟下游客户签订购销合同，买方企业向陕鼓提出融资需求。然后，由陕鼓出面向银行提出贷款申请；银行在贷款审核的时候，会和陕鼓的财务、法务人员一起对买方企业进行调查，评估买方的经营能力和支付利息的能力，买方以书面的形式承诺支付贷款利息。在这一基础上，银行跟买方企业签订第三方保证抵押合同，约定买方获得陕鼓的产品之后，将这个产品作为陕鼓贷款的抵押物；陕鼓和它的配套企业会签订产品回购协议。在这之后，银行对陕鼓的借贷申请进行审查，依据买卖双方签订的购销协议和回购协议，向陕鼓发放贷款。等过段时间，下游客户的资金回笼了，再向陕鼓支付货款，并且向银行支付陕鼓的借贷利息；陕鼓拿到货款后，向银行偿还当初的借贷本金（见图 8-5）。

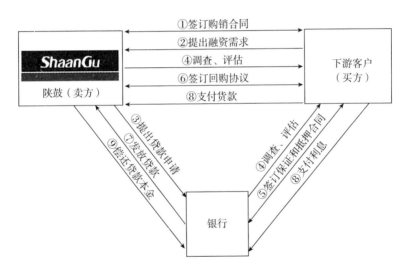

图 8-5　陕鼓的卖方信贷买方付息模式流程图

这种融资方式有个特点，就是下游客户是融资的受益人，但承担借贷风险的是陕鼓。为了防止客户拿到产品不付钱，陕鼓在融资之前会要求下游客户将拿到的产品作为贷款抵押，而且会跟客户签订产品回购协议，这样万一客户最后无法支付货款，陕鼓也能把产品收回来，或者干脆交给银行自行处置。这样一来，大家谁都亏不着。

第二种叫作"金融机构部分融资"。这种融资模式适合有融资需求、银行信用在 AA 级以上的中小企业。有时候，陕鼓会要求下游客户在交易时先支付一部分货款，剩下的可以通过银行借贷来完成，以帮助客户缓解资金压力。在操作上，首先，陕鼓会跟银行一起对需要融资的下游客户进行调查，提出专门的融资方案，并且跟客户签订产品购销合同和融资服务合同。接下来，下游客户按照约定，向陕鼓支付一定比例的货款，这个比例一般在 40％～60％ 之间；陕鼓收到货款后，向客户发货。然后，银行和客户签订借款和抵押合同，以及一些其他的杂七杂八的连带手续，这里还是拿陕鼓的产品当贷款抵押。再然后，陕鼓、客户和银行签订保证协议，约定当客户无法支付贷款和利息时，陕鼓回购这批产品，客户拿回购的货款偿还银行贷款；另外，陕鼓也要存入银行一定的保证金，用来承担客户贷款的连带责任，保证金的比例为贷款额的 10％；等这些都办完了，陕鼓就在这个银行开立结算账户，客户授权银行把贷来的钱划拨给陕鼓，专门用来支付剩余的货款，专款专用。最后，等客户过段时间资金回笼了，向银行偿还当初贷款的本金利息（见图 8-6）。

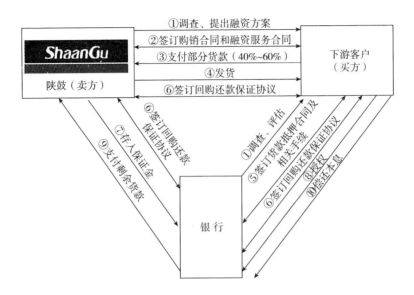

图 8-6　陕鼓的金融机构部分融资模式流程图

这个过程虽然看起来是下游客户自己在向银行借钱，但如果没有陕鼓，这些下游的中小企业是很难从银行得到贷款的，因为这里面有陕鼓的回购承诺做背书，一旦下游客户没法向银行还钱，大家谁都不会亏；而且这里还有陕鼓提供的 10% 的保证金，客户如果不还钱，陕鼓就要连坐。所以，有陕鼓这个焦点企业作为信用担保，中小企业可以顺利地从银行那里获得借贷融资，而且利息也好商量。

中驰车福：汽配供应链服务平台上的金融服务

中驰车福联合电子商务（北京）有限公司（以下简称"中驰车福"）成立于 2010 年，总部位于北京。经过近八年的持续探索努力，中驰车福已成为国内规模最大的汽配供应链服务云平台，功能包括网上商城、汽车数据等功能的综合化垂直服务。平台依托互联网云技术，连接产业链中配件厂商、零售服务商、汽修厂、车主四大主体，提供高效协同的直采服务、零售服务和车主服务，致力于构建一个B2B2C＋O2O的完善汽车后市场生态圈。2014年，中驰车福获得国家高新企业证书；2015年，获得中关村高新企业证书；2016年和2017年，连续被评为中国B2B百强企业，并且2017年位列中国B2B百强企业第14位（汽车配件B2B领域第1位）。

目前，中驰车福已在全国设立20多家分支机构，业务覆盖近30个省份。其中，易损件业务直连国内外一线厂商，实现原厂件、品牌件、定制件全品类覆盖；车型件业务在多个核心城市快速推进，覆盖主流车型和主流品类；轮胎业务快速整合全国优质合作伙伴，逐步建立完善的供销网络。同时，三大核心基础设施沉淀形成，打造强大供应链云平台融合各业务线，建立海量配件与车型数据库实现精准匹配，创新供应链金融为产业链上下游提供个性化金融解决方案（见图8－7）。

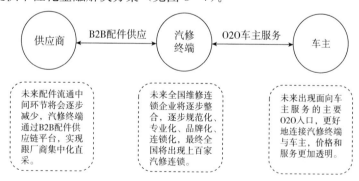

图8－7　中驰车福的战略架构

2017 年我国汽车保有量达 2.17 亿辆，汽车后市场规模超过 1.3 万亿元，成为仅次于美国的全球第二大市场。同时，2017 年中国平均车龄约 4.5 年，2018 年将超过 5 年，根据发达国家的发展经验，一旦平均车龄超过 5 年，汽车后市场将迎来拐点。因此，未来国内汽车后市场需求巨大，并且从行业终局来看，汽配连锁和汽配 B2B 供应链平台将是未来主要发展方向，逐步呈现出更强的生命力。

然而，在市场需求巨大、产业变革与升级的背景下，汽车后市场的供应链体系还处于比较落后的状态，主要体现在以下几个方面：

首先，传统授权体系垄断严重，流通市场非常混乱。一方面，由于历史原因，多年来国内汽车配件和技术垄断现象严重，主机厂只向 4S 店、特约维修店等授权机构提供汽车配件和维修技术，导致授权体系内的产品和服务价格高昂，汽车零整比①达近 10 倍（2017 年 10 月奔驰 GLK 车型的零整比达到 8.3 倍）；另一方面，授权体系外独立售后市场存在 40 多万家独立维修企业，服务水平良莠不齐，在行业垄断的整体情况下，无法从正规渠道获得原厂配件，只能通过若干级代理商采购其他替代型配件，而市场充斥着高仿、假冒伪劣配件，配件质量无法获得保证，流通市场混乱。

---

① 汽车零整比是整车所有的装车配件的价格总和与整车销售价格的比值，乘以百分百，最后得出一个百分比的系数。

其次，行业信息化程度低，交易效率相对低下。汽配行业的信息基础设施薄弱，大部分经销商、汽修厂都采用传统经营方式，缺少信息化的 ERP 系统。相关从业人员的互联网认知水平较低，旧有习惯根深蒂固，难以接受互联网化的采销、结算方式。因此，汽配行业的销售模式还停留在客户电话下单，业务员手工接单发货，信息传递效率低、错误率高，高度依赖于前台业务员个人水平。结算方式上，账期交易普遍存在且没有统一标准，常常依托于人工电话、上门等方式催收。店面、库存也没有信息化系统的支持，手工管理现象同样普遍，低效易错，更谈不上对库存、业务的分析和人员的标准化、数据化管理。

此外，支付结算、账期、融资等问题难以解决，成为掣肘汽配 B2B 平台发展的关键问题之一。目前，我国约有 44 万家汽修厂，传统线下模式的众多汽修厂均有账期结算的习惯，而多数汽配电商平台主要的支付方式为在线支付与货到付款，没有办法解决企业用户在线账期结算的问题。另外，由于汽修厂在实际业务场景中的支付结算具有小额高频的特征，原有的网银在线支付的效率太低，不能满足汽修厂支付高效的需求。同时，部分修理厂希望在线账期能够弹性，到期后可以付出一定的利息成本进行延期融资。

根据以上情况，中驰车福首先打造了中驰集采商城、本地化车福商城和车福管家，并集社会化营销平台、供应链金融平台、仓储物流平台和汽配 ERP 于一体，满足易损件、车型件、轮胎三大产品供应链需求，不断迭代打造成熟的汽配供应链服务与供应链金融云平台（见图 8-8）。

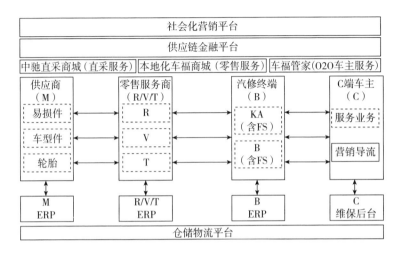

图 8-8　中驰车福的业务架构

（1）在产品供应方面，基于不同产品供应链结构，需要将产品划分为"易损件"、"车型件"、"轮胎"和"汽保工具"，并为各类不同供应商提供平台入口，支持它们自主地发布产品、定价和在线营销。平台同时支持自营和 POP 模式，满足客户一站式配件采购的需求。另外，中驰车福建立 VMI（厂商库）－RDC（中心仓）－FDC（前置仓）的智慧化供应链运营机制，为上游厂商提供全程供应链看板，实时看到各级库存和终端销售数据，指导厂商精准补货生产，帮助厂商转型大规模定制模式。中驰车福借助云计算和大数据分析，基于 FDC－RDC－VMI 模式反馈机制，动态区分产品类型（快消件、常用件、长尾件），每天补货，不断迭代优化库存周转，提高整体供应链运营效率。目前，易损件业务已实现全品类覆盖和多品牌组合，经过快速拓展，业务已覆盖全国近30个省份，平台会员汽修企业超过5万家，车型件业务已覆盖纵向20～30个主流车系和市场保有量80％以上车型，覆盖横向60大主流品类和90％以上产品。

（2）在客户销售方面，中驰车福平台为区域运营公司和各类零售服务商提供平台入口，为汽修厂满足在线下单、电话下单、配件咨询、即时配送、换货与退货、收款等服务需求，并通过在全国建立地市级的零售服务商体系，不断渠道下沉，覆盖地县级汽修厂。同时，在线积极打造中驰车福社会化营销平台，通过视频、文章以及订单红包的手段，吸引生产商、经销商、汽修厂，以及个人进入平台，实现低成本营销，快速获取用户并促进销售转化。

（3）在配件数据方面，数据的完备性与准确性决定了交易的成功率、交易成本与客户体验，中驰车福投入上百人团队和上千万资金，自主建立了行业领先、真实有效、品类丰富的配件数据库，覆盖上百个汽车品牌、上万个车型、上百万SKU[①]配件，一方面基于实时交易数据不断完善配件数据库、细化提升数据标准、重构数据IT系统；另一方面对数据内容持续优化梳理，不断提升配件数据质量。

（4）在仓储物流方面，中驰车福基于各类业务特点，为易

---

① SKU（Stock Keeping Unit），库存量单位，即库存进出计量的基本单元，可以是以件、盒、托盘等为单位。

损件、轮胎、汽保工具建立 20 多个中心仓和数百个前置仓，覆盖全国近 30 个省份；为车型件设立共管仓，覆盖全国主要城市。同时，通过整合专线物流并建立城配体系，实现全天公交式门到门终端配送，最终保证产品稳定及时交付。另外，中驰车福不断打造 4PL① 物流系统，全面提升仓储物流效率和降低物流成本。

（5）在供应链金融方面，由于中驰车福汽配供应链服务云平台上的用户企业分布在全国各地，并且大多是小额分散、征信缺乏的中小企业，而一般银行存在属地管理原则、现场尽调面签等要求，保理公司、在线支付公司、P2P 平台的服务范围一般以特定区域为主，因此一般的金融机构无法满足中驰车福平台用户的支付、结算与融资等方面的需求。于是，中驰车福与平安银行合作，基于订单交易可视化与大数据风控技术，打造了国内领先的供应链金融平台——量子金福。

量子金福在结构化数据的基础上开展产品设计、风险评估、信贷流程、虚拟账户及支付、分段计息等业务活动，在此基础上实现对汽修厂的供应链金融服务（见图 8-9）。一方面，量子金福可以有效地为供应商提供垫付，为下游终端修理厂商延长应付账期，较好地解决了融资中的风控与信用问题，并且向下游客户

---

① 4PL（Fourth Party Logistics），第四方物流，即一类供应链集成商，在供应链中调集、组织和管理互补性的资源、能力和技术，以提供一个综合的供应链解决方案。

提供高效的在线支付、采购账期、可选延期融资三位一体的金融
增值服务，结合资金管理云平台的线上运营，提升资金周转效
率；另一方面，量子金福为中驰车福的电商业务提效，通过引入
资金提供方，使中驰车福在快速回款的同时，减少应收账款，美
化报表，并使中驰车福的财务团队及线下业务团队的效率得到
提升。

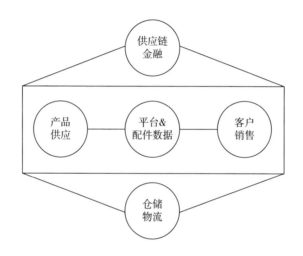

图 8-9　量子金福的整体构架

另外，量子金福将积累的互联网大数据运营、供应链金融运
营能力、运营资源向更多核心企业输出。通过量子金福成熟的产
品推广及优化体系、双向数据分析及大数据应用功能、B2B 用户
运营体系、多平台高品质的客服服务、新媒体平台等输出及共享
资源，帮助更多核心企业提升整体运营能力，服务好其客户，提
升平台体验，加强客户黏性。

整合型服务的供应链金融案例

新希望六和：以金融实现农业供应链的高度融合

新希望六和集团（以下简称"六和"）的前身是成立于 1995 年的六和集团，总部设在山东青岛。

1993 年，改革开放的春风吹遍了大江南北。农大毕业的三个同学就沐浴着这股春风，各自身兼股东、经理人、业务员、生产工人等职开始了白手起家的创业史，并于当年以 30 万元自有资金和 40 万元借款实现了 1 200 万元的销售额和 300 万元的利税。

1995 年，为寻求更优越的商业资源和发展环境，公司由淄博迁往青岛。2007 年，六和与无棣县人民政府合作，成立国内首家专为农民提供担保贷款的担保公司——无棣和兴牧畜牧担保有限公司。2008 年，集团下属 200 多家企业，其中饲料企业 100 多家，畜产品加工企业 50 多家，畜禽养殖场 30 多家，员工 4 万多人，集团年收入 320 多亿元。2010 年，六和集团被新希望收购，更名为新希望六和。2011 年，新希望六和的饲料产能 2 500 万吨，居全国第一；年家禽屠宰能力达 10 亿只，居世界第一。

现代化农业应该是一个由生产、加工、销售、技术推广、机械设施、配套服务等等环节组成的产业体系。跟传统的小农经济相比，现代化农业要形成竞争力，就需要创造出高附加值的产品，这就需要大量的资金投入。而我们国家的很多地方，目前还是以小农小户的传统作业为主，这些农户比较分散，农业生产时间比较长，环境极为复杂，物流管理存在困难，很难形成有效的分工协作体系。相比于工业生产，农业其实更需要资金，一方面用来提升生产要素、改进技术、升级工具；另一方面用来组织起有效的农业生产流程体系。

以肉禽养殖领域为例，当前我国肉禽市场发展迅猛，但只有小部分的大型企业拥有完善的禽苗培育和规模培养体系，大部分的肉禽养殖还是农户小规模经营的方式，供种供料、技术服务、产品的加工和流通等等各个环节相互脱节，非常容易受到外部环境的影响。特别是产品加工，大多都是手工作坊式的，加工手段落后，产品质量和卫生标准也不达标。在这种状态下，六和提出了针对肉禽养殖的综合性解决方案。

首先，六和跟地方政府合资成立担保公司，并且通过政府跟当地的防疫部门和银行合作。如果当地的农户需要解决资金问题，就向六和提出申请，担保公司和银行一起对农户进行信用调查；如果调查合格，六和就可以跟农户建立合作关系，农户本人与担保公司签订担保合同，让担保公司帮他向银行申请的贷款提供担保，但他要把自己的棚舍或者养殖的活物抵押给担保公司，如果到期不能还款，担保公司可以对这些抵押物自行处理。在此基础上，农户向银行申请贷款，担保公司为其提供担保，对贷款承担连带责任。有了担保，银行就可以向农户提供借贷融资了，但指定要将这笔资金用于购买六和经营的种子、饲料、药物等等生产要素的产品，六和向农户提供技术服务。此后，农户要按照六和的标准进行养殖生产，并且接受卫生防疫部门的管理检测；肉禽出栏之后，经过屠宰场的处理加工，定向销售给六和指定的下游客户，包括肉食加工企业和国际食品连锁企业；农户销售回款之后，向银行偿还贷款的本息（见图 8 - 10）。

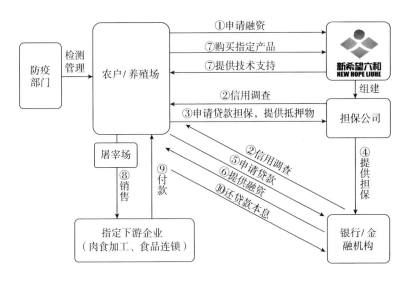

图 8 - 10 新希望六和的供应链金融业务流程

这一套流程，不仅帮助农户解决了采购资金不足的问题，降低了生产成本，还会按照六和的标准提高产品质量，而且为农户解决了下游的销售渠道。对于六和而言，这种融资方式，不仅保证了自身产品的稳定销售，也为合作的下游企业提供了稳定的、高质量的原料供应。

但是，这种定向购买、定向销售的封闭流程，有时候也会存在一些问题。比如在肉禽市场价格看涨的情况下，农户不愿意将产品以约定的价格定向供应给六和指定的下游企业。六和针对这类问题改进了业务流程，向更加开放的平台化的供应链融资模式推进。比如，银行在向农户提供资金，帮助其购买六和产品的时候，担保公司不仅会对农户进行信用调查和要求抵押物，还会考察农户与其他下游客户签订的养殖合同，尽可能地将其他下游客户都纳入到产销流程中来。这样一来，六和就可以逐步建立起一个更加开放的平台，能够通过对市场动向的预测调整融资担保的额度，这不仅解决了前面的问题，还能帮助农户更好地应对市场变化。

另外，六和还和青岛闪收付科技公司一起推动了现金折扣业务。公司从供应商那里采购商品，根据合同约定账期付款。供应商资金紧张时，向银行或其他金融机构融资困难、手续烦琐、审批周期较长，而向六和融资成本较低，且资金充裕。闪收付为六和搭建起一站式、封闭操作的供应链金融管理平台，设计现金折扣产品，核心企业将当天可支配资金金额上传到闪收付平台，设定折扣利率。供应商根据应收账款金额、折扣利率自愿申请。双方在平台自动生成现金折扣电子协议，作为法律依据。所有交易都建立在核心企业与供应商之间所产生的应付账款上，经过双方自愿报价、确认后产生现金折扣，并以年利率的形式标识。"闪收付-现金折扣"产品为供应商的紧急融资开辟了一条新路，帮助它们提前收取应收账款，保障稳健的现金流，同时为六和资金取得无风险高回报，并优化了财务报表结构，从而实现六和与供应商的双赢。

第9章 物流环节中的供应链金融

物流金融的逻辑：不是所有金融都叫物流金融

物流管理是供应链管理的一部分，供应链金融有很强的物流金融的基因，从广义角度看，物流金融也可纳入供应链金融的范畴。当前，物流领域的融资出现了很多创新模式，物流金融和供应链金融的区别越来越模糊。我们不去纠结概念的区别，而是透过现象看本质，梳理出物流金融的逻辑，用这一逻辑指导实践。

在以往的交易中，由于仓储会挤占资金、运输会承担风险，所以物流环节都被买卖双方当作包袱。卖方这边接到订单后，希望尽快把产品卖出去；而买方最大的心愿是什么时候用什么时候买，不用的时候先在卖方那里存着。虽然企业有时可以凭借库存申请融资，但这种库存融资需要满足金融机构的征信条件，还要看质押物的流动性、保值性、监管风险等。很多时候，中小企业在银行那里没有信用基础，银行一来不了解企业，二来不了解质押物品的实际价值，同时也缺乏监管质押物专业的技能和条件，库存融资受到限制。

但是，在供应链上下游企业的长期交易中，往往会有固定的第三方物流参与。物品在物流环节中流动的时间内，物流公司既掌握物品的真实状态、价值，又了解上下游企业的交易状态。因此，很多金融机构开始选择与第三方物流合作，在物流服务的基础上提供一种延伸性的金融服务。物流金融的业务模式由此形成，它是一种集物流运作、商业运营和金融管理为一体的管理过程。贸易中的买卖双方、第三方物流、金融机构三者紧密联系，在供应链协作的基础上，用物流盘活资金，用资金拉动物流。

物流金融本质上是一种短期的融资行为，是企业将物流环节中的物品作为流动性资产获得融资的过程。物流金融一般有两种基本模式：一是基于仓单的融资；二是基于流动货物的融资。在物流金融中，卖方希望通过销售加速资金回流，缩短现金流量周期；买方希望在需要的时候采购，降低库存和资金压力；金融机构要保证质押物品的价值稳定、易于转手，将违约损失降到最低。一般情况下，融资质押物品的信息不对称时，违约率上升；质押物品具有较高的流动性和保值率时，违约率下降。

在传统的物流中，第三方物流在融资活动中的作用比较小，交易双方只想确保产品的物流过程顺畅，物流企业只靠提供基础的物流服务赚取收益。虽然物流企业身处交易情境之中，掌握交易产品、了解交易流程，但这些信息无法向金融机构传递，形成了信息孤岛。

相比之下，基于供应链的物流金融，在业务模式上有很大的创新，第三方物流除了送货外，还担负了一些资金管理的职能。

物流企业在获得下游企业采购保证的前提下，与金融机构合作向供应商提供融资服务，不但拓展自己的业务空间，还促进了交易的开展和持续。同时，金融机构也通过与物流企业的合作，降低了信息不对称，消减融资活动中的潜在风险。目前，物流金融主要由物流企业来推动，并存在代收货款、托收、融通仓、授信融资等几种基本的业务形态。

（1）代收货款：物流企业在对产品运输配送时，受发货人（卖方）委托代为向收货人（买方）收取货款，然后将货款转交发货人，从中收取一定费用（见图 9 - 1）。这是物流金融的初级形态，物流企业在其中的作用有限。

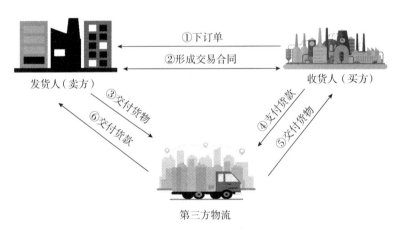

图 9 - 1　代收货款的基本流程

（2）托收：物流企业承运货物时，先代替收货人（买方）向发货人（卖方）预付一定比例的货款，收货人在取货时再向物流企业交付货款（见图 9 - 2）。在这种形态中，物流企业在物流业务的基础上加入了资金流转，一定程度上缓解了发货人的资金占用。

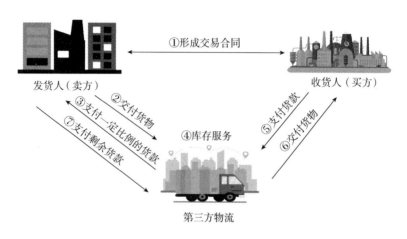

图 9 - 2　托收的基本流程

（3）融通仓：有些企业的原料采购和产品销售存在批量性和季节性特点，不得已需要维持一定的库存量。物流企业凭借良好的仓储、配送和商贸条件，与金融机构合作，帮助企业获得质押贷款融资（见图 9 - 3）。在这种形态中，第三方物流最大的作用就是让金融机构对一些原材料、工业半成品等动产，从不愿接受到乐于接受。如果还不愿接受，一些有资质的物流企业还可将质押物品作为担保物，以自身信用帮助中小企业融资。

（4）授信融资：金融机构根据物流企业的经营规模、运营现状、负债比例等指标，评价物流企业的信用，并给予物流企业一定的授信额度。物流企业可以对这些授信额度自行定夺，向关联企业提供灵活的质押贷款（见图 9 - 4）。这种形态减少了质押贷款的一些烦琐环节，有利于企业更加便利地获得融资。

从某种意义上来说，相当于金融机构将质押融资的部分业务外包给物流企业，物流企业独立负责对质押物的监管并承担风险。

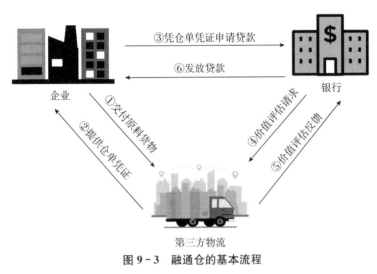

图 9 - 3 融通仓的基本流程

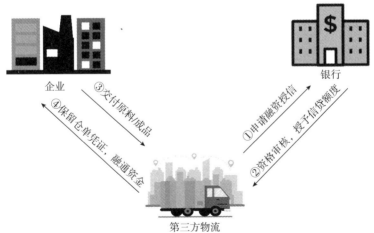

图 9 - 4 授信融资的基本流程

物流金融的创新实践：制度、技术，双管齐下

当前我国的物流行业鱼龙混杂，加上法律法规不完善、缺乏专业性的统一标准、行业监管缺失等因素，制约了我国物流金融的茁壮成长。比如，《物权法》没有规定存货担保融资应当登记公示；现行的仓库技术、仓储作业，以及从业人员资质无法满足担保存货的管理要求；国家没有相关的行政许可制度和企业备案制度，对开展担保存货管理的企业没有明确的条件要求等。

制度创新：《担保存货第三方管理规范》

基于这些问题，中国银行业协会、中国仓储协会联合起草了《担保存货第三方管理规范》，并于 2015 年 3 月起实施。该规范的最大价值在于，明确了担保存货融资中贷款人、接管人和第三方所需承担的义务。

贷款人的义务包括：选择担保存货的第三方管理企业，并确认特定仓库；要求借款人对存货承担责任；对存货的流动发出指令；不定期对存货检查盘点；要求第三方管理企业提供存货的相关单据和文本。

借款人的义务包括：保证担保的存货权属清晰，并运送到特定仓库；提供存货的相关资料，有特殊保管要求的需要向贷款人和第三方管理企业书面说明；对存货的质量和数量负责；配合第三方管理企业履行责任，配合贷款人行使权益。

第三方管理企业的义务包括：确保特定仓库具备监管担保存货的条件；在监管期内始终保持对仓库的合法占有和使用；对存货的重量、质量、数量等方面进行验收，出具仓单等相应凭证；妥善保管存货，当发生可能危害贷款人权益的情况时，及时通知贷款人；根据贷款人的指令控制存货，并配合贷款人的检查核对；向贷款人提供存货的相关单据及文本。

技术创新：全国担保存货公共信息平台

中国物流与采购联合会、中国仓储协会、中国银行业协会还根据《担保存货第三方管理规范》，同步联合开发了"全国担保存货公共信息平台"，由中物动产信息服务公司负责具体的开发和运营。这个平台通过互联网大数据技术，对担保存货的信息统一登记、动态公示，服务对象主要是贷款人、借款人、第三方管理企业。担保的存货从哪里来、到哪里去、状况如何、市场价格、原有数量、被提走的数量、货主是谁、货主资料等所有信息都会被收录到平台上，只有想不到，没有存不到。这些信息持续更新，对外透明，很大程度上降低了融资供需双方的信息不对称。

最初，河北唐山的东华五金机电城，就是利用这个平台为自己商圈内的近千家商户提供融资服务。后来，唐山钢铁集团联合二三十家钢铁企业，指定在东华五金机电城采购常备的五金件，东华的商户联合提供五金件的供应和售后，形成了一种"联采联供"的业务模式。在这种模式中，商户要把所有交易的五金件作为担保存货，存进东华指定的仓库进行监管。同时，东华五金机电城在当地的五金行业中有很高的江湖地位，在银行那里有信用，罩得住。有东华的管理和担保，建设银行、平安银行等金融机构也逐渐入伙，推出了定制化的融资产品。

后来，河北省的五金商圈都按照这个模式开展起物流金融业务，逐渐形成了一个联盟。"全国担保存货公共信息平台"开具的电子仓单，可以在这个联盟中流转，东华五金机电城获得了盟主地位。

物流中的金融服务模式：占山为王还是攻城略地？

第三方物流作为专业的物流服务提供商，运营方式和服务绩效是由不同的市场地位决定的。造成这种差异的原因有二：一是物流企业所具备的资源和能力，二是企业的运营规模和范围，两者共同决定了物流企业的业务类型，从而衍生出物流中不同的金融服务模式。

如果物流企业具备的资源和能力有限，比较倾向于利用自身物质资产提供服务，如仓库的租借、利用运载工具运输配送货物等，这种技术含量比较低的业务模式叫作资产型物流；当物流企业具备充足的资源和能力时，更加倾向于依靠知识和智慧提升服务的附加价值，如加速库存周转、流程的优化、配送系统的改进等，这种技术含量比较高的业务模式叫作知识型物流。

一些物流企业为了实现规模经济攻城略地，以求利用规模经济降低成本、提高收益，这种努力扩大经营范围的业务模式叫作广域型物流；还有一些物流企业选择在某个区域市场精耕细作、占山为王，以求获得局部优势，这种在特定区域内运作的业务模式叫作区域型物流。

　　这两个划分维度能划分出四类第三方物流企业，分别是区域资产型、广域资产型、区域知识型和广域知识型；相应地，也衍生出了四类物流金融模式：传统物流金融、区域变革型物流金融、广域变革型物流金融、知识型拓展性物流金融。传统物流金融是利用物质资产提供融资服务，但这种服务增值潜力有限。不管是广域型还是区域型物流，都希望能干点有技术含量的活，由资产型向智慧型转变，提高自身服务的附加值，由此就出现了"广域变革型物流金融"和"区域变革型物流金融"这两种金融服务模式；本就是智慧型物流的企业要想发展，就要通过扩展市场实现量变，这就是"知识型拓展性物流金融"（见图 9 - 5）。

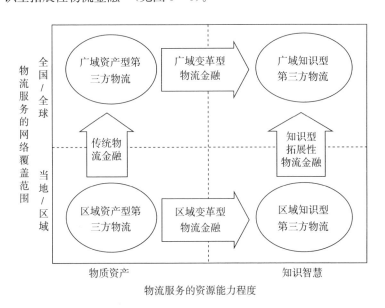

图 9 - 5　第三方物流企业的四种基本类型

区域变革型物流金融

区域变革型物流金融，适合一些依靠资产、在某一特定区域提供服务的第三方物流企业。虽然这类物流企业的运营范围是在某个特定区域内，但是它们具有很强的好奇心和旺盛的上进心，开始脱离单纯依靠资产的模式，向附加值更高的业务活动延伸。这类物流企业在传统的物流活动基础上，结合采购、分销、资金等方面的管理业务，针对不同客户的不同需求进行协调和整合，并在这个过程中提供金融服务。这类物流企业开展金融业务时，一方面需要跟客户白纸黑字地规定双方的权利义务，另一方面还要跟客户建立起充分的信任合作关系。

广域变革型物流金融

广域变革型物流金融，适合已经建立起强大的服务网络、具有良好的规模经济，但原有的服务仍是基于物质资产的物理企业。健全的运营网络虽能更好地维系客户，但物流企业与客户的业务仍各自独立，你玩你的，我玩我的，并不能实现共同发展。这类企业有着远大的野心和抱负，随着能力的提升和运营范围的拓展，它们的业务模式需要逐渐向更有技术含量的增值服务转移，从使蛮力变成用巧劲，这不仅要与客户建立长期的合作关系，更要通过优化物流和资金的周转流程，发掘新的盈利空间。

知识型拓展性物流金融

知识型拓展性物流金融，适合原本就是知识型的物流企业，这种物流企业本就是个爱动脑筋的优等生，已经具备了良好的管理能力和运营经验，能够为客户提供增值服务和流程优化，但无奈出身不太好，业务范围只局限在某个特定的区域内。这时企业如果要发展，就要把业务范围由区域向广域拓展。然而，区域型网络和广域型网络的管理是有很大区别的。如果要拓展服务范围，需要能规划和协调中心库和分拨库、循环集货、干线运输、直线配送等等。所以，知识型物流企业若要拓展网络范围，要能在全局上为客户优化供应链流程。物流企业通过业务的范围延伸和体系优化，一是帮助客户降低物流过程中的各种成本；二是帮助客户解决供应链运营中的资金短缺问题。

> **小结**
>
> 第三方物流比银行更加了解供应链企业间的物流信息，通过第三方物流可以降低银企间的信息不对称，很多物流企业本身也在开拓一种更具技术含量的金融服务模式。在三种基于供应链的物流金融服务中，区域变革型物流金融，是在区域型物流企业对当地市场有很强的控制力和影响力基础上，跟金融机构开展合作，取长补短，促成融资业务的顺利开展。广域变革型物流金融，是业务遍及全国范围的、重资产的大型物流企业凭借资产规模，一方

面嵌入供应链上下游的交易环节中；另一方面跟金融机构深入合作，为企业提供物流金融服务。知识型拓展性物流金融，是指原在某一区域运营的知识型物流企业，将服务网络向广域拓展，在更广阔的范围内提供包括物流金融在内的增值服务。

区域变革型物流金融案例

物流园区：一方诸侯的委托授信、统一授信与融资监管

物流园区是很多家物流企业欢聚一堂的场所，里面集结了大量的物流设施，能够集中进行仓储、分拣、流通加工、装卸、运输配送，以及相应的信息管理等跟物流有关的功能。一般情况下，物流园区是典型的区域型物流组织，在当地具有很强的物流运营能力。所以，从事物流园区经营的企业，可以依托园区内物流服务的软硬件，开展物流金融业务。本例物流园区开展的物流金融服务，分成委托授信和统一授信两种模式。

委托授信是物流园区跟银行合作，银行如果要给园区内的企业融资，就将质押物的价值评估、运输、仓储、监管、风控，甚至拍卖等等活动全都外包给园区。园区根据银行的要求结合质押的实际情况，制定一个最优方案，委托园区内的第三方物流企业提供相应的服务，园区自己对这些物流企业和融资进行监管。

在具体流程上，比如园区内的 A 企业需要向银行申请融资，首先要向银行提交 A 企业及其质押物的相关信息，包括特性、价格等等。然后，银行将质押物的信息和自身需求传递给物流园区，园区接到这些信息后，对不同的需求内容进行整合分解，通知园区内的第三方物流公司，众物流公司向园区申请承揽，园区选择合适的物流公司承担相应的服务。接下来，A 企业将质押物交给园区指定的物流仓库，仓库检验合格后向园区开具质押物评估证明，园区把证明交给 A 企业，A 企业凭借这个评估证明就可以从银行那里获得借贷融资了；等 A 企业向银行归还钱之后，物流园区对货物解除质押。最后，银行会对物流园区进行评估，为以后合作开展信贷业务提供支持（见图 9 - 6）。

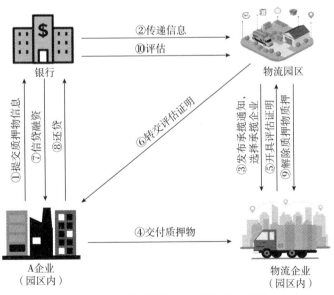

图 9 - 6 物流园区的委托授信模式流程

统一授信跟委托授信的区别是，银行通过对物流园区的各种考察之后，会给物流园区提供一定的信贷规模，并签订信贷协议，相当于在这个授信额度范围内，园区有权代替银行对融资企业开展审核和放贷。跟银行相比，物流园区对自家园区内的企业更加了解，所以园区直接跟 A 企业谈判，并且委托其他第三方物流企业负责质押的各个环节，园区本身还要对第三方物流和 A 企业进行监控。在具体流程上，银行首先向物流园区统一授信，A 企业向园区提供企业本身及其质押物的相关信息，之后园区整合分解流程，第三方物流公司申请承揽等等，但这里 A 企业是从物流园区那里获得融资，并且最后把资金还给园区，还钱之后，园区解除对质押物的质押（见图 9 - 7）。

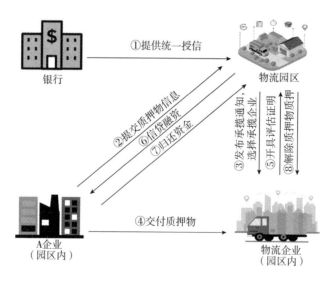

图 9 - 7 物流园区的统一授信模式流程

不管是委托授信，还是统一授信，物流园区都不仅要负责区域内的物流运营和信息管理，还促成了银行、第三方物流、需要融资的企业之间的多方合作，建立了一种比较有技术含量的金融服务流程；同时，物流园区还通过自身的信息监管系统，控制了供应链金融活动中的潜在风险，充当了一种信用担保的角色。

海格物流：新型"M＋1＋N"模式的融资服务

深圳市海格物流股份有限公司（以下简称"海格物流"）诞生于 2001 年，在 2014 年初作为新三板扩容后的首家物流企业在全国中小企业股份转让系统挂牌。目前，海格物流主要为国内外零售商、品牌商、制造商、贸易商等提供物流、订单管理、信息集成、供应链数据协同、贸易增值，以及供应链金融支持等服务。同时，各服务之间相互支持，从物流、贸易、资金、数据服务等方面解决客户需求，以供应链视角帮助客户提升供应链效率。供应链管理水平是未来 B2B 企业的核心竞争力，海格物流通过打造生态闭环服务，为客户提供全渠道的完整供应链服务，优化客户的商业生态，从而为供应链金融提供支持性服务。

在物流方面，海格物流可进行端对端的物流执行和管理，包括运输、电商服务、保税仓储、内贸海运、仓储、港口运输，以及报关报检等；在供应链信息系统方面，海格物流拥有供应链信息技术及数据服务团队，可为客户的上下游提供 SaaS 化的上流订单管理、物流订单管理、运输管理、货代管理、港口管理等信息系统，并可提供客户自身信息系统的集成或咨询服务；在数据服务方面，帮助焦点企业实现与上下游供应商、分销商、零售商之间的采购订单、销售订单数据协同，供应链上的所有相关方都能同步从系统中获知订单状态、付款状态、物流状态等信息；在订单执行管理方面，为客户整合采购和销售订单，在信息技术的助力下做到可视化、智能化地制定订单的最优物流计划，对物流执行进行统筹，并制定相关标准管理客户所有物流服务商的绩效表现；在贸易增值方面，海格物流积累了大量国内外的品牌商、供应商、零售商、贸易商资源，为客户提供线上分销、商品展示、尾货处理、代理采购、渠道管理等服务。

基于以上的物流管理能力，海格物流推出了供应链金融支持服务，为流动性提供方（金融机构）提供实时物流状态、订单信息、付款状态、结算状态等动态数据及历史信息，实现供应链中商品全流程的实时监控（见图9-8）。这样一来，一方面为流动性提供方降低投资风险，帮助其直接接触实体经济；另一方面让中小企业可获得低成本资金，为缺少足够支持抵押的中小企业的融资增信。

图9-8 海格物流的六层供应链服务体系

海格物流的供应链金融支持服务，主要是通过系统连接融资企业的上下游，提取购销订单、结算信息，为资金提供方展示真实交易数据，在贸易基础上匹配资金方与融资方的需求。通过对融资企业的经营数据动态管控和全流程物流监管，对融资企业的购销订单进行全生命周期管理，形成综合闭环的风控体系（见图9-9），同时联合金融机构为贸易商、制造商等中小企业盘活在途在库商品所占用的资金，解决贸易过程中的资金周转问题。

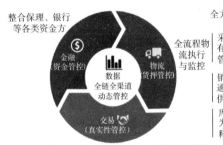

图9-9　海格物流的综合闭环式供应链支持服务

海格物流的供应链金融服务是一种新型的"M+1+N"模式，通过供应链协同系统"订单管家"连接"1"个由多个核心企业、金融机构以及服务机构组成的核心整体，连接核心企业的"M"个供应商和"N"个下游客户，以融资企业的供销网络以及网络的稳定性作为对企业的审核标准，通过验证交易真实性来分散融资风险。同时，海格物流还联合数据公司搭建了供应链金融协同平台"融资添翼"，通过贸易中商流、物流、资金流的全程透明化实现对交易的闭环管控，解决融资企业、金融机构、第三方物流、数据服务机构之间的供应链信息协同问题，降低融资风险。

"融资添翼"一方面通过海格物流自主研发的 ePLD 智能系统，实现了商流订单和物流执行的无缝衔接，全程物流节点透明化，可以随时掌握商品的流动状态；另一方面，通过"订单管家"实现企业间的商业互联，能够对融资企业违约产生的尾货进行变现销售，进一步保证金融机构的融资安全。

广域变革型物流金融案例

普洛斯金融：基于物流场景和信息技术的供应链金融科技平台

普洛斯是全球领先的现代物流设施及解决方案提供商，在全球拥有和管理的物业组合达 6 700 万平方米，也是全球最大的地产基金管理平台之一，在地产和私募基金领域管理的资产总额超过 600 亿美元。基于普洛斯全球领先的物流生态产业背景，普洛斯金融致力于以场景金融赋能中小企业，是国内领先的大数据科技平台和供应链金融公司。

普洛斯金融产生于场景，并通过与仓储、物流等合作伙伴共同搭建供应链金融生态，深入参与到企业从日常生产到经营直至消费终端的各个场景，并通过供应链金融综合解决方案服务于实体经济。

普洛斯金融通过旗下物流、食品冷链、快消、跨境、物联网等业务线，针对不同的行业、场景、客群开展业务，已经形成从产业的品牌端、流通端、零售端、物流端到其他服务端的多款标准金融产品（见图 9－10）。

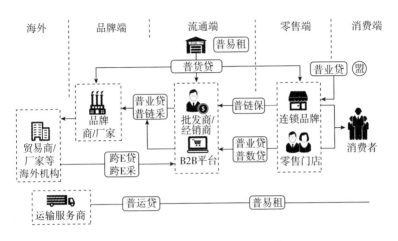

图 9－10　普洛斯金融的产品分布

（1）物流服务领域：普运贷和普易租

普运贷和普易租是针对物流运输企业和仓储服务企业的标准化供应链金融产品（见图 9－11）。基于物流行业的场景，借助核心企业和核心平台的数据，普洛斯金融可以对物流运输的商流和物流进行把控，通过大数据风控的方式，为物流平台及核心物流企业提供金融服务支持。

（2）跨境服务领域：跨 E 贷和跨 E 采

跨境服务领域的跨 E 贷（见图 9－12）和跨 E 采（见图 9－13），分为进口和出口，产品会注重清关服务和物流服务。这两类数据比较特殊，对于进出口的产品，需要跟海关的数据打通，形成三单对碰以保证数据真实性，难度就是对于数据的分析以及货物的管控。普洛斯金融借助普洛斯在保税仓以及物流领域的资源，已

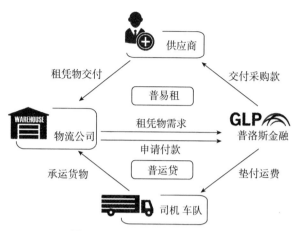

图 9‑11　普运贷和普易租场景

经形成了数据分析、物流控制以及货物监管体系，通过系统和物联网的设备，管控风险。

图 9‑12　跨 E 贷流程

图 9 - 13　跨 E 采流程

（3）冷链领域：普链采

针对冷链领域的普链采产品，基于食品冷链行业的场景，借助核心企业和核心平台的数据，对食品冷链贸易链条的商流和物流进行把控，借助大数据风控的能力，为贸易商、加工商、连锁餐饮企业等提供金融服务支持（见图 9 - 14）。经过多年的摸索，已经形成了对于整个产品链条的操作流程标准化以及线上化。

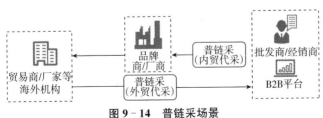

图 9 - 14　普链采场景

（4）贸易领域：普链保

服务于贸易领域的普链保产品，通过标准化的流程，打破以前基于核心企业信用的借贷模式，通过产业数据分析以及物联网设备追踪，管控风险（见图9-15）。

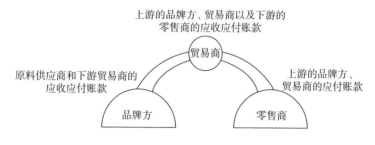

图9-15 普链保业务场景

（5）金融监管仓：普货贷

普洛斯在中国有将近300个园区，园区的仓库中有价值万亿的货物。普洛斯金融基于以往在供应链金融业务中关于货押产品的经验，对于业务规范以及业务流程进行了标准化的规范，对于推动整个行业形成规范化和标准化的管理有非常重要的意义。

基于这个背景诞生的普货贷，是针对有货物的企业主，通过货物质押来获取融资服务的标准化产品，而配套这个产品落地形成的行业金融监管的标准与流程，以及在这一过程中建立的监管联盟、质押联盟，将引导行业更加健康的发展（见图9-16）。

（6）大数据＋场景：普业贷和普数贷

普业贷和普数贷是普洛斯金融基于物流中的数据场景推出的产品。普业贷是基于中小微企业在订货、开店等可受托支付场景

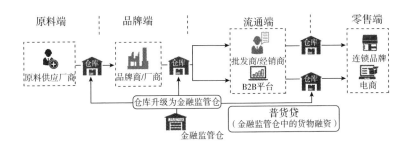

图 9-16 普货贷业务场景

下的数据信贷产品，为企业的经营提供资金。普数贷是基于物流
场景结合发票数据设计的金融产品，服务的客户主要是场景中的
中小企业（见图 9-17）。

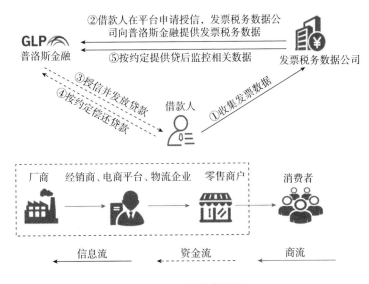

图 9-17 普数贷流程

当前，普洛斯的标准金融产品通过系统和标准数据接口的输

出，实现标准产品的线上化和模块化，整体改善了使用金融产品的客户的体验。

在资金申请阶段，普洛斯金融除了本身拥有的官网、APP、小程序以及公众号等入口外，通过输出标准的数据接口和申请页面，嵌入到普洛斯体系内部客户以及外部客户的平台内，让用信客户不用通过信息迁移就可以申请产品，提升了用户的体验。

在授信及提款阶段，普洛斯金融运用互联网技术（OCR图像识别、AI人工智能等技术）结合标准的数据接口以及授信和信用模型，提高了审批的时效，实现了秒级审批。通过审批后，客户即可线上提款，提高了资金的流动效率。

在账户体系中，普洛斯金融实行账户管理，实现客户通过自身账户管理和使用产品，查询还款计划、审批节点、授信以及余额等多种信息。同时，普洛斯金融开发的自动清结算体系已实现资金的调拨、系统实时划款、实时自动清分等多种清结算功能，在风险可控的情况下提升了客户体验。

在金融风控方面，普洛斯金融聚焦传统金融业服务不到的长尾中小企业客户，其数据往往贯穿产业链全场景，而传统金融机构仅仅掌握企业的产业链局部节点。针对不同场景的数据，普洛斯金融整合内部的企业物流合作数据、企业间交易类数据、产品数据，以及外部的工商数据、公检法数据、征信数据等客户数据，梳理相关的实体以及实体之间的关系，形成普洛斯金融的供应链知识图谱，并应用于普洛斯金融业务的流程中。

从信用的维度看，普洛斯金融从主体、商品、合作平台等多个维度动态管控风险，而传统金融机构仅依靠静态的主体信用对中小企业授信，不仅难以触及征信记录不足的长尾客户，也难以对贷后的风险进行监控。

当前，基于场景内数据及产业链中相关实体关系，普洛斯金融形成了相应的供应链知识图谱及完备的风控模型。前期的基础设施建设已经让普洛斯金融拥有的数据覆盖了商流、物流、信息流以及资金流，基于这"四流"的数据，针对不同的产业和节点的企业，普洛斯金融设计了针对不同客户的风控逻辑，可分为贷前、贷中和贷后几个模块。

在贷前阶段，普洛斯金融对提出授信申请的企业进行筛选，排除高风险客户，同时通过接入央行征信、普洛斯金融内部及第三方黑名单等数据，进行欺诈侦测。对于通过筛选的客户，普洛斯金融利用反欺诈模型、信用评级模型等大数据模型进行审批的决策，确定贷款条款，同时，在授信前，依托大数据模型确定授信的额度及期限。

贷中主要围绕数据标准化、授信模型及授信额度与利率评估模型来进行。首先，获取数据除了对接已经授权的数据，还有爬虫、OCR 技术等，把多维度的非标准化的数据标准化，成为可以验证的量化数据。其次，普洛斯金融的授信模型已经建立了行业准入、SKU 准入、公司准入的维度，结合体系内部的数据和第三方的外部数据，形成了 360 度的授信模型评价，对于授信企业进行第一道审核，不符合模型标准的直接拒绝。而普洛斯金融的额度和利率评估模型能够预设授信额度和利率，通过模型预设输出可给客户的授信金额和利率，辅助风控同时决策，对于已批准的授信额度内的授信需求，可以通过风控模型直接授信。同时，授信额度模型输出提款审批条件以及预设的提款审批模型，辅助提款审核。

贷后监控平台主要由风险预警模型及催收模型支持，普洛斯金融会从多维度的数据来源中还原客户经营信息，以便及时预判风险，保障资金安全。目前，普洛斯金融针对不同的行业，监控指标形成了一定的行业标准。

中邮速递：依靠已有资产规模的供应链金融野望

中国邮政速递物流股份有限公司（以下简称"中邮速递"）是经国务院批准，由中国邮政集团公司作为主要发起人，于2010年6月发起设立的股份制公司，也是中国经营历史最悠久、规模最大、网络覆盖范围最广、业务品种最丰富的快递物流综合服务提供商。

中邮速递主要经营国内速递、国际速递、合同物流等业务，国内、国际的速递服务涵盖了不同的时限水平，并且提供代收货款等增值服务，合同物流涵盖仓储、运输等供应链全过程。中邮速递拥有享誉全球的"EMS"特快专递品牌和国内知名的"CNPL"物流品牌。

基于中国邮政丰富的网络资源和专业的物流服务经验，中邮速递为客户提供物流整体规划，以及具体环节的优化咨询、物流整体外包服务（见表9-1）。

表 9 - 1　　　　　　　中邮速递的物流整体外包服务

	服务项目	服务内容
入厂物流服务	原材料巡回取货	基于客户生产计划、供应商生产周期、物流网络等方面的综合分析，制定专业的巡回取货路线和计划，为生产流程、工艺过程中原材料采购的物流环节提供专业的巡回取货服务，保证原材料的 JIT 供应。
	供应商库存管理	以专业的仓储信息系统为支撑，提供多个供应商的原材料仓储、库存、物权、订单、资金等综合管理服务，实现原材料库存最优化和入厂物流的无缝对接。
	原材料入厂上线	基于客户工厂流水线生产计划、工位排序、物流需求单、看板等要素，通过分析、预测、监控、替换等方式，实现原材料仓库与生产线的无缝对接，在 2～4 小时内，为客户提供准确、高效、快速的原材料入厂上线服务。
销售物流服务	成品仓储及分拨	以全国总仓和区域分拨中心为基本模式，为客户提供常温、恒温仓储管理和验货、分拣、理货、包装、库存控制、库龄管理、贴签、组装、扫码等库内增值服务。
	运输配送	航空、公路、铁路等组成的主干运输网络与覆盖全国各地市、县的配送网络无缝衔接，构建以区域中心城市为核心的 24 小时、48 小时以及 72 小时服务圈，提供包括入户配送、门店直配、多点配送、电子商务配送在内的高效配送服务和代收货款等增值服务。
	网点投交	根据客户的物流需求和销售特点，为客户在县级以上城市的邮政营业网点专设提货点，同时提供自提和客户定制化配送服务。

在此基础上，中邮速递与邮政储蓄银行等商业银行合作，实施存货质押、仓单质押等多种资金融通方式的监管，共同为客户提供资金流、物流、信息流三流合一的物流服务。此外，中邮速递联合菜鸟金融、邮储银行、京东金融等金融机构，针对进驻中邮仓客户设计了专属商品的融资产品——云仓金融，针对中邮供应商提供了专属保理产品——邮付通。

（1）云仓金融：中邮速递联合京东金融、菜鸟金融推出的针对入仓客户的商品融资服务，通过互联网技术解决了生活物资转化为标准质押品的难题，通过大数据核定质押品价值，并辅之以系统对接的手段，通过系统后台解决了金融机构与监管企业之间面对海量SKU的质押指令传输及质押品锁定管理的难题（见图9-18）。金融质押采用动态调整机制，既保证了金融质押，又不影响商家销售订单出库。云仓金融为入仓商家提供了额外的融资渠道，将库存转换为现金流，缓解了商家的备货压力。

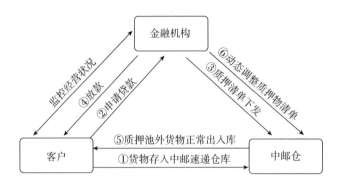

图9-18　中邮速递云仓金融业务流程

（2）邮付通：中邮速递联合邮储银行、京东金融向物流供应商提供的保理产品。邮付通产品采用白名单准入管理方式，与中邮速递有长期稳定合作关系的供应商可向主管机构申请开通邮付通产品，经中邮速递审核通过后，向指定金融机构发起开户申请即可获取融资额度（见图9-19）。金融机构不再对承运商进行授信审查，供应商无须提供额外担保措施。通过邮付通，供应商与中邮速递发生业务后，可以快速获取资金回款，缓解了供应商运营的资金压力。

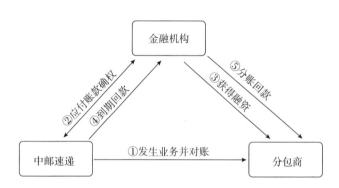

图9-19 中邮速递邮付通业务流程

知识型拓展性物流金融案例

弘信物流：服务网络拓展中的借势发力

厦门弘信国际物流有限公司（以下简称"弘信物流"）是专业的第三方物流服务提供商，企业立足福建和广西，逐渐在横向上拓展业务范围，在纵向上延伸业务层次，并基于物联网、云计算等信息技术，构建了以供应链运营平台为主体，以物流地产和物流金融为两翼的战略态势。弘信物流的供应链运营平台包括四方面功能：物流运作、融资结算、信息服务和方案创新，通过这四大功能为客户实现从原料采购，到仓储、品检、运输、厂内物流管理、工业地产、物流设备投资、分拨中心管理、分销、准时配送、代收货款的供应链全流程打包服务。目前，弘信物流已经成为可口可乐（中国）、嘉吉、达能、奥联、王老吉、蒙牛、达利园等国内外著名食品饮料企业的战略合作伙伴。

我国的白糖产地非常集中，广西的产量占全国总产量的65%，而且白糖市场供不应求，所以糖厂具有很强的议价能力，属于典型的卖方市场，下游采购方无论多么巨头的饮料公司、食品公司都处于弱势地位。美国某大型饮料公司旗下的 S 公司负责公司中国市场的供应链管理，在中国 20 多个城市都有饮料装瓶厂。

S 公司需要的白糖主要从广西的大型糖厂集中采购，但这里有几个问题：一是糖厂的强势地位要求先款后货，占用了企业的流动资金；二物流环节时间长，从广西集中采购的白糖要分配到全国的装瓶厂，运输需要 10～20 天，白糖运抵 S 公司的仓库后，S 公司还需要 10 天时间对白糖进行抽样检验，如此从付款到投入生产需要花费 30～40 天；三是库容问题，每个装瓶厂为保证生产需要准备足够多的白糖库存，但装瓶厂本身的库容最多能存 7 天的用量，剩余部分要找第三方仓库寄存；四是糖厂产出白糖后，只负责保管 30

天，导致 S 公司提货仓促，经常原料采购和生产不匹配，甚至跨区调拨白糖。以上这些问题都额外增加了 S 公司的物流管理费用。针对这种情况，弘信物流给 S 公司提出了一个"供应链金融和物流整合一体化方案"，这个方案分三个阶段实现。

在第一阶段，主要解决供应链融资问题。首先由 S 公司跟弘信物流签订战略合作协议，配合弘信物流向银行提供相关材料，申请融资。采购时，S 公司只需支付货款的 10%，银行向弘信物流提供剩下的 90%，通过弘信物流垫付给糖厂。等 S 公司收到白糖后，向弘信物流支付剩余货款、利息，以及物流服务费。弘信物流在收回货款后跟银行结算（见图 9-20）。在这个过程中，弘信物流借助 S 公司良好的信誉获得了银行融资，但这只帮助 S 公司解决了资金周转问题。

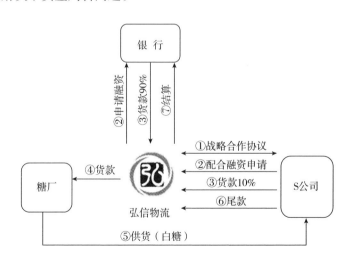

图 9-20　弘信物流的供应链融资模式流程

在第二阶段，弘信物流通过建立中央仓库和检验点前移设计，又节省了物流周转的费用和时间。因为白糖是从农作物里榨取的，农作物收获是季节性的，所以白糖榨取也是季节性的，行话叫榨季。S公司在每年白糖榨季前，就跟糖厂签订全年的采购量，约定在弘信物流在广西租赁的中央配送仓库进行交割。因为糖厂本身也需要存放，从榨季出糖开始就往弘信物流的中央仓库送，还能节省一大笔二次装卸和短途运输的费用。白糖还是白糖，仓库还是仓库，只是交割前后的所有权发生了变化，之前归糖厂，之后归S公司，归谁谁交保管费。另外，弘信物流在中央仓库还专门设立了白糖实验室，这样白糖在仓储的时候就完成了抽样检验，又节省了10天时间。

在第三阶段，弘信物流为降低20多个装瓶厂自备的白糖库存，在相邻的几个装瓶厂选址，设立了几个区域仓储配送中心，通过快速配送实现即时响应，这样一来，S公司只需要向弘信物流提供未来几周的用糖计划，由弘信物流实现对各个装瓶厂的快速配送，装瓶厂的白糖库存由原来的30～40天，缩短至2～3天。

经过这三个阶段，弘信物流借助S公司的白糖采购，建立了从中央仓库到区域仓储配送的一整套物流网络，不仅帮助客户获得供应链融资，还为客户优化了整个流程，帮助客户大幅降低了物流成本、资金成本和管理成本。可以说，弘信物流是借势发力、乘风而起，通过白糖的物流配送实现了从区域物流向广域物流的变革发展。

第10章　贸易流通中的供应链金融

贸易流通行业的环境变革：前后两头堵的尴尬境地

贸易流通企业，是指利用渠道实现产品销售的商贸类企业，由这类企业构成的行业就是贸易流通行业。也就是说，工厂负责生产产品，商店负责把产品卖给消费者，贸易流通企业（以下简称"商贸企业"）负责从工厂到商店的中间流通环节。在信息技术并不发达的时候，产品同质化、成本差异小，出货渠道是竞争重点。工厂如果要把生产的产品卖到世界各地去，就需要通过一级一级的经销商，把产品最终摆在商店货架上。所以，商贸企业不生产产品，它们只是产品的搬运工，提供的是一种特有的生产性服务，将集中的产品生产向分散的销售市场层层扩散，帮助上下游顺畅地完成交易流程。因此，贸易流通逐渐被认为是继生产和销售之后，企业发展的第三大支柱。

在传统的流通体系中，假如一种产品从工厂出来，中间要经过分销商、批发商、零售商等 N 层中间环节，最后到消费者手上。出于物流成本和信息不畅的考虑，零售商在向批发商订货的时候，需要多订一些作为安全库存；批发商在这基础上向上级分销商订货的时候，也要多订一点。以此类推，分销商在向工厂订货的时候，也要多订一点。这样一路下来，你多一点，我多一点，就会累积起一个总量很大的库存积压。如果再考虑工厂的原料进货，这个库存积压会更大，这种在供应链中由于信息不畅造成的需求扭曲现象，叫作"牛鞭效应"（见图 10 - 1）。

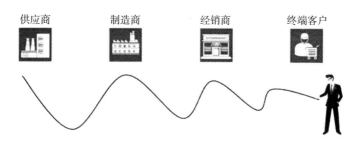

图 10 - 1 牛鞭效应示意图

从供应链整体来看，牛鞭效应不仅会挤占各级企业的大量资金，造成大量的资源浪费，更是放大了整条供应链的波动幅度。供应链中的企业要在牛鞭效应中保证不亏损，就要将成本折算到售价中，如此层层加价，最终消费者的购买价格就会大大高于商品的本身价值。近年来，互联网和信息技术的发展日新月异，物流服务突飞猛进，这带来两个直接后果：一是上游的制造业开始向流通业大举进军；二是下游的大型零售超市逐渐向流通业渗透，另外加上电商平台的如火如荼，很多企业展现了行业整合的野望，提出了"去中介化"的构想。传统的商贸模式面临着巨大挑战，贸易流通行业需要变革。

在生产领域，随着生产技术的发展和现代管理的普及，很多企业产能过剩，成本的下降空间所剩无几；同时，行业竞争加剧、消费需求多样化，又使产品价格的提升空间有限。为寻求新的利润空间，一些有实力的生产企业开始自建渠道，试图摆脱对商贸企业的渠道依赖。

在销售领域，零售企业为了降低零售价格，同时迎合市场的多样化需求，也在努力缩短产品的中间流通环节，以便提高自身的市场竞争力。近年来，零售连锁和多渠道经营的商业模式，尤其是网络销售的长足发展，确实在很大程度上为零售企业缓解了牛鞭效应带来的运营压力。

商贸企业传统的单靠集货分销、赚取差价的运营模式，正在面临两头被堵的尴尬境地。但上帝关上一扇门，就会打开一扇窗。无论生产企业还是零售企业，要实现去中介化，需要搭建自己的物流体系，这对一般企业来说投资巨大，建设周期过长，削弱了企业运营的灵活性，这种为了喝牛奶养头奶牛的做法，对绝大多数企业来说得不偿失。生产和零售企业并非是要联手掐死流通行业，而是希望获得一种符合多品种经营的综合性流通服务，在激烈的竞争中保持核心竞争力。了解了本质，便能看清商贸企业服务模式的变革方向。

贸易流通的价值重塑与创新：开源节流

商贸企业如果要在新环境下实现价值重塑，关键在于在帮助供应链中的上下游企业提高经营业绩的同时，控制整条供应链的运营成本，即"开源节流"。一方面，为客户提供专业化的物流服务，帮助客户将终端下沉到客户自身难以触及的区域，拓展销售市场；另一方面，尽量为客户提供综合性、集约化的流通服务，通过进货的广泛化、多样化，以及供应链运营的增值服务，帮助客户降低经营成本。

对商贸企业而言，要结合不同客户的具体情景帮助它们开源节流，首要就要有能力制定出物流独特性业务（logistically distinct businesses，LDBs）。这种业务强调针对某类产品或业务，开发相应的供应链服务，根据客户的需求、运营能力，以及产品包装、交易、仓储能力和补货前置等要素的分析，将每个环节视为独特的 LDB，并对每个 LDB 进行工序特征分析。这种业务模式是为了提高需求预测的准确度、更快更准地持续补货、保持更好的库存状况、提高渠道的灵活性，以及建立强大的信息连接。基于对 LDBs 的理解，商贸企业需要从广度、深度、长度和幅度这四个方面对业务价值进行重塑和创新。

广度——全球化的市场拓展。当今世界，浩浩汤汤，产业链分布已经从区域扩散到全球。离岸生产使生产企业可以利用全世界的优势资源，在降低企业成本的同时将产品销售到世界各地；

同时，国内市场也可以采购和消费来自其他国家的商品。尽管全球化实现的条件在理论上已经具备，但生产和零售企业在实际经营中仍然存在障碍：一是国内外信息和沟通的缺乏；二是国家间制度和文化的差异；三是政策壁垒的影响。这种情况下，商贸企业如果能利用自身的国际贸易网络，以及对国际市场运营的专业知识和丰富经验，可以帮助国际贸易双方实现有效的信息沟通、降低交易成本、弥合相互差异，帮助客户融入到全球产业分工的大家庭中来。

深度——信息化的商务协同。商贸企业可利用在某行业的商贸资源扮演捎客，将具有共同商业利益的企业联结起来，在交易流程中实现信息共享、促进业务整合，建立虚拟的合作社区，帮助客户企业捋顺交易中的各种差头，使供应链上的不同主体间形成信任，心往一处想，劲往一处使。商贸企业可实现三方面的协同：客户企业内部各部门之间的协同、客户与供应链其他企业之间的协同，以及客户与供应链外部相关组织的协同（如政府、行业协会等）。通过协调不同组织之间的信息和资源，为客户在采购和销售时实现切实的效益，并帮助客户企业实现内外部的资源整合。

长度——滚动性的深度分销。深度分销是一个发现、发掘、维护和管理终端市场，最终掌控终端市场的过程。生产和零售企业需要在某一区域内进行深度分销，无非是出于增加网点、提高市场覆盖率、增加产品陈列、提高在终端市场的库存量、促进产品销售、改进最终客户的服务体验等目的。也就是说，企业将触手伸得很长，对某一具体市场精耕细作，减少产品的流通时间，第一时间把产品投送到人民最需要的地方去。商贸企业在其中大有用武之地：一是帮客户在兼顾配送半径和基本利润的原则下划定市场区域；二是帮客户确定它的客户，使产品和服务有的放矢；三是根据市场状况和企业策略，帮客户确定投放的产品和品牌；四是帮客户定价，制定层次分明的差价体系；五是根据市场和行业情形，帮客户确定相应的组织结构和运营方式。通过这些方面，商贸企业可以帮助生产和零售企业有效地拓展市场，一旦探索出一条可行模式，便可滚动复制，帮客户找地盘、抢地盘、守地盘、管地盘。

幅度——综合性的集成服务。商贸企业可利用自身的商贸资源，为生产和零售企业提供集成化的综合性产业服务，包括市场调研、物流规划、技术方案、虚拟生产、产品测试、客户沟通、融资服务、外包管理等，即使自身不具备为客户提供综合服务的能力，也可以分解客户需求，把力所不能及的客户业务外包出去。这要求商贸企业成为一个服务集成商，协调供应链网络中各结点企业的利益诉求，规避供应链内部的窝里斗。最重要的是用合理的方法管理供应链中的资金流，帮助存在资金缺口的企业融资。商贸企业原本就是服务型企业，在流通环节具有丰富经验和专业技术，通过综合性的、高附加值的、具有针对性的服务，能使商贸企业融入客户所在的供应链网络，在"去中介化"的环境变革中转型成功。

贸易流通中的供应链金融模式：为开源节流提供资金

根据市场拓展、商务协同、深度分销和集成服务这四个业务
创新方向，商贸企业的供应链金融服务可分为三种类型：市场导
向贸易的供应链金融、物流导向贸易的供应链金融和一体化贸易
的供应链金融（见图 10－2）。

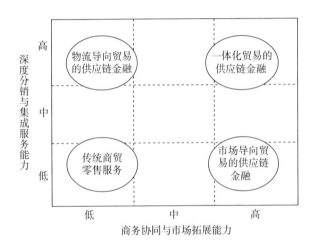

图 10－2　贸易流通领域供应链金融模式

市场导向贸易的供应链金融

市场导向贸易的供应链金融服务，特点是具有较好的商务协
同和市场拓展能力，能将供应链中的交易各方整合起来，这类商
贸企业通过信息平台进行商务协调。一方面，受客户委托向生产

企业下订单，生产企业通过 JIT（just in time）生产或转包二级供应商的方式，在最短时间内完成委托生产，并及时向商贸企业反馈生产计划和进度；另一方面，替客户向第三方物流委托物流服务，物流企业合理安排物流活动，并及时向商贸企业反馈物流信息，确保准时将产品送交客户手中。在这个过程中，商贸企业充当了客户的总参谋部，发挥了交易平台和商务协调的作用，在构建商流的同时承担了订单管理和产品销售的责任。

当今的贸易环境纷繁复杂，采购、制造、加工、仓储、运输、配送等环节相互交织，国际贸易还涉及通关、退税、外汇、国际物流等环节。商贸企业的价值在于把这些环节的信息整合起来，通过供应链金融活动，促进客户企业与供应链其他成员的沟通和协作，帮助它们把握商机、抢占市场，同时帮助客户企业加速资金流动、缩短现金流量周期。

商贸企业若要开展市场导向贸易的供应链金融业务，需要具备几个条件：（1）掌握特定行业的生产和贸易规律，以及关键的环节和要素；（2）具有强大的信息平台，以便协调各方事物；（3）帮助企业建立信用，疏通交易和资金流动中的阻碍；（4）有良好的资金融通和风险控制能力。

物流导向贸易的供应链金融

物流导向贸易的供应链金融服务，特点是具有较好的深度分销和集成服务能力，能够为客户提供全面的仓储、运输、配送、商检等流通服务。虽然一些大企业也在建立自己的销售渠道，但销售渠道不等于流通渠道。产品怎么卖是一回事，怎么走是另一回事。如果流通过程设计不好，会导致产品的成本增加，价格提高，竞争力丧失。尤其是当今越来越多的企业为降低库存，采取少批量、多批次的采购策略；很多生产企业为迎合客户需求，也实行多品种、少批量的生产方式。这种情况下，过于分散的配送本身就会增加生产企业的物流成本，加上很多中小生产企业不具备运营物流业务的专业知识，难以适应下游客户少量高频的配送需求。

有些商贸企业长时间在特定产业中摸爬滚打，早就掌握了该产业中产品流通的技术和诀窍，这类商贸企业可以利用自己的经验和装备，帮助生产企业顺利开展商品流通；同时，利用自己在资金融通方面的能力和资源，在提供服务的同时为上下游企业解决资金缺口，既帮助上游企业及时获得资金，又协助下游企业提高支付效率。

商贸企业若要开展物流导向贸易的供应链金融业务，需要具备几个条件：（1）与上下游企业形成紧密的合作关系，建立信任；（2）具有良好的物流运营能力，能够拉优秀的第三方物流入伙；（3）具有良好的资金融通和风险控制能力。

一体化贸易的供应链金融

一体化贸易的供应链金融服务，特点是综合了市场拓展、商务协同、深度分销和集成服务，并借助金融业务为客户创造新的业务增长，同时又能为客户降低交易成本，既开源又节流。当商贸企业同时具备这四种能力时，所提供的价值会实现1+1+1+1>4的效果。

　　跟物流导向贸易相比，一体化贸易的供应链金融服务有助于为客户强化逆向分销能力。何为逆向分销？传统的分销流程，是先从大区域或大城市逐次向二、三、四级市场延伸，这种自上而下的分销策略称为顺向分销。中小企业的产品很难突破前端市场大中企业的进入壁垒，也没有能力打造大企业的分销网络，只能以农村包围城市的思路，直接将渠道下沉到四级五级市场这样的市场末端，因地制宜地开展渠道设计，这种分销策略就是逆向分销。逆向分销需要在基层市场建立网点、招聘和培训人员、与当地各部门公关，以及建立配送网络，这些方面都需要大量的资金投入，并且这些资源和设施的后续运营也需要资金维持。一体化贸易的供应链金融服务，就是商贸企业帮助中小企业以最小成本实现逆向分销，同时解决分销过程中的资金问题。

　　跟市场导向贸易相比，一体化贸易的供应链金融具有更强的延伸性，不仅可以帮助客户实现销售，还能在供应链中"逆流而上"，为客户提供协同设计、协同采购和协同生产。也就是中小企业通过商贸企业向供应链上的合作伙伴开放设计、采购和生产环节的信息，借助贸易流通企业的商业网络，借助融资中所需的资源，解决这些环节中的资金短缺问题。

　　商贸企业要开展一体化贸易的供应链金融业务，需要具备几个条件：（1）具备流程设计和管理能力，能运用大数据分析把握客户的价值诉求；（2）能够构建供应链生态平台；（3）具有强大的资金融通和风险控制能力；（4）具有深度分销的智慧，特别是在末端市场的渠道建设和分销方面。

小结

在现今技术条件下，贸易流通行业正面临着被生产和零售两头堵的局面，商贸企业在新环境下若要实现价值重塑和业务创新，需要对供应链上下游提供经营支持，在帮助它们提高经营业绩的同时，有效控制整个供应链的运营成本。在业务模式上，贸易流通企业要结合不同客户的具体情景帮助它们开源节流，首先要有能力制定出"物流独特性业务"，并分别从全球化的市场拓展（广度）、信息化的商务协同（深度）、滚动性的深度分销（长度）和综合性的集成服务（幅度）四个方面进行业务创新，提供高附加值、有针对性的产业服务。基于业务创新模式，贸易流通企业的供应链金融服务分为：市场导向贸易的供应链金融、物流导向贸易的供应链金融和一体化贸易的供应链金融。其中，市场导向供应链金融服务，具有较好的商务协同和市场拓展能力，物流导向供应链金融服务具有较好的深度分销和集成服务能力，一体化供应链金融服务综合了前四个能力，实现"1＋1＋1＋1＞4"的效果。

市场导向贸易的供应链金融案例

一达通：助企业出口一臂之力

深圳市一达通企业服务有限公司（以下简称"一达通"）成立于 2001 年，是中国首家为中小企业的外贸提供服务的综合商贸平台，通过互联网为中小企业和个人提供融资、通关、物流、退税、外汇等进出口环节的一站式服务。2014 年，一达通加入阿里巴巴，成为阿里巴巴的全资子公司。一达通开创了将国际贸易与流通服务分离的外贸服务新业态，采用标准化、专业化、网络化的手段为中小微企业提供通关、物流、退税、外汇、融资等一站式外贸综合服务。

一达通以中小企业为服务对象，以电子商务为工具，以进出口流程外包为服务内容，以综合服务平台为依托，通过高效整合中小企业外贸流通服务资源，从而降低了中小外贸企业运行成本，改善了交易服务条件，特别是金融服务条件，有效地扩展了中小企业生存发展空间，让小企业享受大服务，同时也增强了中国外贸在国际金融、物流、渠道、品牌等服务业的话语权和贸易盈余。

一达通的发展经历四个阶段。第一阶段（2001—2003 年）：企业的初创期，主要解决中小企业在进出口贸易中因进出口规模较小和专业能力不足，导致的在各环节中费用开支高昂的问题；第二阶段（2003—2008 年）：力图解决中小企业因风控能力不足和授信成本过高，导致的无法从金融机构获得融资的问题；第三阶段（2008—2010 年）：这一阶段业务快速发展，经营达到了盈亏平衡点，企业开始盈利，并与中国银行、证大速贷合作开发了"中证通"融资业务；第四阶段（2010 年至今）：加入阿里巴巴，形成从"外贸资讯"到"外贸交易"的中小企业综合服务平台，为中小企业和个人的对外贸易提供全面服务（见图 10 - 3）。

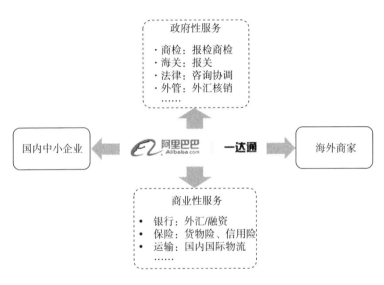

图 10 - 3　一达通 N＋1＋N 供应链服务模式

由于中小企业面临较大的成本控制压力和资金缺口，因此有着相对强烈的进出口服务外包需求，这也就成为一达通选择市场和业务定位的直接原因；同时，由于要利用信息化专业化手段提供全程外包服务，一达通相比传统的供应链企业有着更强的资源整合能力，形成相对较高的经营优势和服务能级。

在贸易融资服务方面，2008年，一达通与中国银行合作推出"中小企业外贸融资易"产品，提供进出口综合贷款、出口信用证贷款、出口退税融资三大类服务；2011年，一达通开发了五款"中小企业外贸融资宝"的融资产品：创新订单融资、打包贷款、退税融资、赊销贷款、外汇保值，同时还提供外贸保险业务；2014年，推出网商贷高级版（现更名为"流水贷"），为平台服务的中小企业提供无抵押担保的纯信用贷款；2015年，又推出了信用保障融资，可基于信用保障体系提前为企业获得的订单提供一定比例的备货融资。同时，一达通又联合外资金融机构，推出一项面向从中国供应商进口商品有资金需求的海外买家的纯信用、可循环额度的互联网金融服务 E‑Credit Line（ECL），进一步完善自己面向买卖双方提供全流程的融资服务（见图 10‑4）。

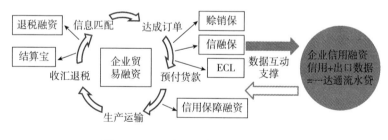

图 10‑4 一达通供应链金融服务框架

一达通的外贸电商平台通过介入贸易进行风控，一站式为中小微企业提供通关、退税、外汇、物流、金融等业务，中小微企业整个外贸过程中的物流、资金流、信息流等都能控制在一达通平台上，有大量历史交易数据可查。基于这些真实的交易数据，一达通建立了"中小外贸企业调查系统",定期发布专业化的调查报告。

一达通融资部在基础业务数据沉淀中,通过自身底层数据的搭建、企业征信的信息互通,研发出基于企业贸易背景的企业贸易融资类金融产品。下面以一达通针对国内供应商提供的最主要的两种融资模式——"信融保"和"赊销保"为例。

(1)信融保

国际贸易为了解决买卖双方相互的不信任,会采用信用证来结算。全球有超过45%的国际贸易使用信用证结算,但中国企业的使用比例不到10%。一是有信用证回款的程序烦琐、手续复杂,很多中小企业缺乏专业化的外贸人员,对信用证冗繁的申请流程不了解、不熟悉;并且信用证结算的审核周期较长,中小企业需要资金迅速回笼以维持企业运营。因此,我们国家的很多中小企业面对信用结算望洋兴叹,即使获得大额订单也不敢贸然使用这种结算方式,流失掉很多商业机会。信融保为这个 bug 打了一个补丁,简单来说就是:我帮你办,我借你钱。信融保的融资服务有"信用证打包贷款"和"信用证买断融资"两种模式。

信用证打包贷款要求客户与同一海外买家有过信用证收汇、交单记录,或非信用证下的交易记录,并且需要客户企业提供人身担保。在这些前提下,客户跟海外买家签订购销协议,并且由海外买家在当地的银行申请开立信用证。然后,客户向一达通申请打包贷款融资,通过了一达通的审核之后,双方签订委托订单和融资的服务协议;客户将信用证交给一达通审核,并且提供贸

易订单，接受第三方的资信调查。在这之后，一达通可以向客户
提供最高 300 万元的融资额度，客户向一达通交货，委托一达通
办理通关、物流等手续；一达通向海外买家发货之后，得到提
单，由一达通向国内这边的议付行交单、收款。最后，客户跟一
达通结算，还贷款的还贷款，付货款的付货款（见图 10-5）。

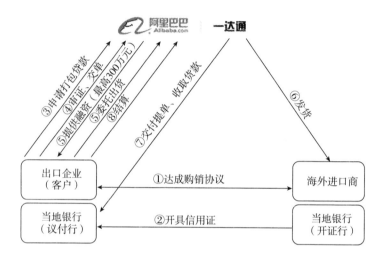

图 10-5　一达通信用证打包贷款融资流程

信用证买断融资的流程跟上面差不多，区别在于前面向客户
提供的融资额度是根据客户的应收货款决定的；等一达通替客户
从国内的议付行这里把信用证里的钱取出来，也不用跟客户结
算，等于是把信用证里的货款买断了。

（2）赊销保

很多中小企业在面临海外大单的时候，对方的条件就是赊
销。赊销就是先给货，再付钱；赊销的大单就是，先给大量的

货，再付大量的钱。在欧盟市场，赊销占到贸易支付的半数以上。中国的中小企业由于缺少融资支持，迫于资金压力难以承接海外买家的赊销大单，甚至有时只能压低利润以换取即时支付。这种情况下，赊销保可以帮助客户企业承接以前不敢承接的优质大单，只要客户在发货后向一达通交付全套单据，就可以在 3 个工作日内收到 80% 的货款，快速回笼资金。但这项业务有个条件，就是融资企业必须通过一达通进行通关报关、安排物流及收款，以及要有足够的融资额度。

客户跟海外买家通过阿里巴巴一达通的平台达成交易后，客户在网上申请阿里巴巴一达通的赊销保服务。一达通在这之后跟客户沟通，进行预审，签署协议；客户在这之后向一达通提供海外买家信息和买家调查费，一达通通过中国出口信用保险公司进行信用调查，审批信用额度。接下来，客户、海外买家和一达通签署三方合作协议，一达通核定赊销保的融资额度和使用条件；通过一达通的核定之后，客户跟海外买家签订销售合同，并且按照约定发货。随后，客户将发货单据交付一达通，由一达通组织物流服务，并且根据货款为客户融资。海外买家确认收货之后，向一达通支付货款，一达通在货款里扣除之前的融资费用，把余款支付给卖家客户（见图 10 - 6）。

另外，基于贸易环节的数据沉淀，一达通融资部研发了企业的信用融资类贷款产品——流水贷。该产品是以一达通平台大数据为基础，由一达通联合中国银行、平安银行、上海银行等多家金融机构共同推出的全新 B2B 的纯信用贷款产品。按照客户最近

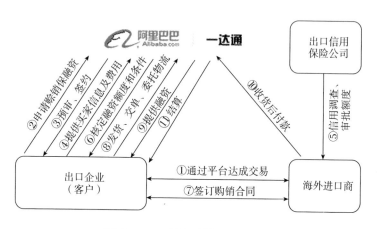

图 10-6　一达通赊销保融资流程

半年在一达通平台的出口数据，1 美元可累计 1 元人民币的贷款额度，最高可贷款 1 000 万元，且申请、放款、还款全部在线上完成，大大提高了贷款的效率，降低了成本，解决了中小企业融资的难题。

行云全球汇：赋能跨境进口链条，填补进口资金漏洞

深圳市天行云供应链有限公司（以下简称"天行云"）成立于 2015 年 5 月，是国内领先的进口货源供应链企业，也是国内主流大型电商平台的核心进口货源供应商。总部位于深圳市南山区软件产业基地，在杭州、广州、香港、德国、日本、澳大利亚等地均设立控参股公司和境内外分支机构，在杭州下沙、广州南沙等地设有自营跨境电商保税仓。

天行云旗下的"行云全球汇"跨境电商平台是国内领先的跨

境进口货源分销平台，向中国进口零售企业提供代采、分销及供应链贸易融资解决方案的一站式云供应链服务。另外，天行云为了缓解行业内普遍存在的资金周转率低的现状，推出了供应链金融服务平台，与原有 B2B 交易平台结合，以 S2B 的综合服务平台解决了跨境进口电商行业性问题。

目前，中国已经成为全球第二大进口贸易国，但对于跨境进口行业来说，跨境电商供应链中除了层层经销渠道，还涉及快递物流等繁多的参与主体，特别在分销环节，中小企业参与者众多，行业内进口效率低下。在跨境电商链条上的各个环节，往往上下游存在高库存和长账期问题，有的账期甚至长达 3 个月，企业往往需要承受巨大的资金压力。

跨境电商供应链的专业度和复杂度，带来高难度的风险控制，导致该领域的金融产品目前主要是银行面向大中型商贸企业提供仓单质押、库存融资等产品，而面向分销体系下游广大中小企业的金融产品很少，且成本较高。分销体系下游企业往往难以得到银行及金融机构的资金支持，这对其日常经营造成了一定的约束，也限制了企业发展。

中国跨境进口电商中 80％以上的市场份额被中小电商占据，如微店、淘宝店、海外买手等；而 B2C 平台中头部的天猫国际2017 年交易额仅为 200 亿元，占整体进口电商的 1.1％。市场份额占有率超过 80％的中小电商由于企业经营者资质参差不齐、自身备货资金压力大等原因，难以获得正规金融机构的资金支持；同时，跨境进口的供应链条明显较长，中小电商很难承担全部环节，自身风控能力不强，物流、资金流、信息流、商流无法把握。在这样的背景下，天行云自主研发了交易平台"行云全球汇"、供应链金融平台、ERP 等系统。"行云全球汇"跨境电商平台是国内领先的跨境进口货源分销平台，是一个专注于跨境进口的 S2B 电商平台。

目前，行云全球汇已构建了全程跨境供应链服务，形成了上中下游的交易闭环，可帮助品牌方和进口零售渠道高效对接，实现了交易流程的简化和资源互通。同时，供应链金融服务平台搭载线上风控模型，通过大数据来监控平台数据，实现全部风控审批线上化，帮助中小企业客户加速实现融资需求，解决资金垫压问题，提高经营杠杆，赋能行业生态圈，推动企业发展和行业繁荣。另外，行云全球汇为合作金融机构提供可控的、真实的供应链场景和风险控制模型，帮助其资产实现安全稳定的增值。

天行云的上游客户包括海外品牌方、经销商、贸易商、拥有优质货源的大型商超等。行云全球汇向上游客户集中采购具有市场和价格优势的产品，一方面运用自身的仓库管理系统、商品品类运营管理系统、物流信息管理系统的仓储和物流数据监测能力为海外品牌方等上游客户搭建国内分销渠道；另一方面利用线上大数据风控模型以及资金能力帮助上游品牌商进驻中国市场。

天行云的下游客户包括国内各大 B2C 平台、O2O 实体店、淘宝店家、微商卖家等。客户可在行云全球汇交易平台自行下单，天行云线上可帮其完成采购、物流、仓储、配货等全链条服务；在中小企业客户资金需求量大，融资难时，天行云可为其提供一站式贸易融资服务，如代理采购、仓单质押等。另外，天行云可以为大客户提供覆盖跨境保税、海外直邮、一般贸易三大类的进口商品交易服务，可以支持批量货物交付或货物一件代发等多种交付模式，满足大客户个性化需求（见图 10-7）。

图 10-7　行云全球汇的整体业务框架

2017 年，天行云开始规划运作供应链金融业务，包含自主研发供应链金融平台、供应链金融业务标准化、供应链金融线上风控模型设计、拓宽资金渠道等多方面的建设。

基于多年的跨境业务经验，天行云连接了供应链的上下游及各参与方，包括核心企业、中小企业、银行、物流服务商等，实现各方信息交互、业务协同、交易透明；并通过对相关各方经营活动中所产生的商流、物流、资金流、信息流的归集和整合，提供适合供应链全链条的在线融资及供应链等综合性服务；同时根据丰富的行业经验，对接外部多家征信数据、金融服务、资金渠道，为客户提供一站式的贸易融资方案。

2017 年 11 月，供应链金融平台正式上线。平台包含两大业务：应收账款质押融资和仓单质押融资。客户准入资料实现全部线上化收集，实现智能审批流程。

仓单质押业务多用于商品流通企业，在进行商品贸易的电商行业中，电商平台既需要给上游供应商预付账款，又需要给下游客户账期，同时还会有货物在物流运输途中无法及时变现。仓单质押业务解决了企业担保难的问题，当企业无固定资产作为抵押，又寻找不到合适的保证单位担保时，可以将自有货物的仓单作为质押向银行或者第三方资金机构取得贷款，从而缓解企业短期流动资金不足的情况。

对于供货给国内 B2C 电商平台的 B2B 企业来讲，时常需要承担 B2C 电商平台长达两个月以上的账期，同时这些 B2B 企业也面临采货款、在途货物的资金占压问题。在这些 B2B 企业没有货物在仓的情形下，可以使用应收账款保理业务方案来解决资金短缺问题。

例如 B2C 电商平台小红书的供应商 A，天行云根据小红书平台供应商管理系统和回款特点，为供应商 A 设计了应收账款质押模式。小红书与供应商 A 的结算模式为：供应商将货物送至小红书指定仓库，小红书仓库出具理货报告确认收货后，小红书在 45天账期内给供应商 A 进行结算。小红书全程通过小红书的供应商管理系统，对供应商 A 的商品询价、下发订单、货物入仓、尾款结算进行管理，从供应商管理系统也可以清晰地看到每一笔订单的状态。

因此，天行云给供应商 A 设计的模式为：供应商 A 将小红书的供应商管理系统账户开放给天行云，同时将小红书与供应商 A 的结算银行账户交由天行云监管，并与小红书签订两年内结算账户不变更声明，由供应商 A 与小红书双方盖章确认。供应商 A 将货运送至小红书指定仓库后，小红书出具理货报告并在供应商管理系统上显示该笔订单货物已入仓，供应商 A 的小红书应收账款形成，天行云在小红书供应商管理系统上确认后，向供应商 A 支付 80％的应收账款总额。45 天账期后，小红书回款至供应商 A 的结算银行账户，天行云将该笔垫付资金及服务费操作回收，完成回款。

2018 年 1 月，天行云增加了代理采购业务，从而优化了贷前管理、放款流程，以及贷后风险控制。仓单质押、应收账款质押和代理采购等供应链金融业务，拓宽了天行云的经营项目类目，丰富了服务对象与服务内容，在帮助中小企业加快资金流转速度、提升资金利用率的同时，也增加了天行云的营收。

基于供应链业务的不断扩大，天行云利用供应链金融平台数据基础，对客户群体加以分析，不断探讨和研究风控算法，加大对供应链金融系统的研发投资，建立了现有的线上风控模型，该风控模型已全面覆盖供应链金融业务，为天行云内部风控及资方提供了主要的风控管理手段，大大提升了客户的融资时效。

天行云的技术团队专门研发了对接资金方仓库的系统，在资金方为天行云提供仓单质押的服务中，天行云可以直接导出仓库内相关货物的推单信息，实现信息无缝对接，节省了线下大量的人工劳动。

在供应链金融产品标准化的进程中，除了搭建供应链金融平台系统以及线上风控模型，天行云也拓宽了融资渠道。目前除银行给予的综合授信外，基于天行云交易和金融平台的订单数据，更是被平安银行选作核心企业引入其助力于中小企业融资的平台KYB中小企业数据征信金融服务体系；同时天行云与很多大型企业形成金融合作关系，替这些大型企业做线上客户的风险管理。

江苏跨境：推进跨境供应链服务的纵深发展

江苏跨境电子商务服务有限公司（以下简称"江苏跨境"）成立于2013年12月，是一家专注于外贸综合服务的产业互联网公司。公司通过整合市场优势资源，创新国际贸易供应链组织方式、运营机制和管理手段，运用"互联网＋"等新技术，打造具有进出口经营管理、供应链金融和可视化物流服务功能的跨境供应链综合服务平台，构建高效、便利、透明、互信的国际贸易服务体系，提升广大进出口企业的国际竞争力。

当前，跨境贸易流程复杂，主要体现在：一是信息流、资金流、物流等多种要素流动须紧密结合，任何一方面的不足或是衔接不够就会阻碍整体商务活动的完成；二是流程繁杂，国际贸易通常具有非常复杂的流程，牵涉到海关、检疫检验、外汇、税收、货运等多个环节，对于开展跨境贸易的中小制造企业来说，自主解决这些问题会增加不少的企业运营成本。

中小企业在跨境贸易过程中存在信息不对称和信息不通畅的问题，从而导致资金困扰。在供应链条中，信息的有效流动，往往比管理产品流动和资金流动更加困难。信息在流动过程中容易失真，导致产品流和资金流的低效运转。例如，在跨境贸易的过程中，单据比产品更难对付（单据构成信息流），这对于资金困难的中小企业来说，信息对称以及通畅也是它们必须要面对的痛点问题之一。

江苏跨境致力于外贸综合服务与跨境供应链管理两大领域，打造全产业链的外贸供应链 B2B 服务平台，为开展跨境贸易业务的企业提供一站式服务。

跨境供应链综合服务平台在全面实现数字化、信息化的基础上，积极开展智慧化服务。通过互联网、物联网、人工智能技术与供应链平台深度融合，达成自动归类、自动风险预判、自动协同，努力实现部分取代跨境供应链运营过程中人员的脑力劳动，以智慧供应链服务体系帮助进出口企业与关务管理、航运物流、供应链金融高效协同，让企业用户充分体验到互联网为国际贸易带来的规则透明、程序精简、成本低廉、通关便利和运作高效的专业化服务。

鉴于制造企业在跨境进出口业务中普遍存在信息不畅、资金不足、风险难控等问题，江苏跨境针对碎片化的进出口企业供应链需求，提供全面解决方案。通过建设跨境供应链综合服务平台实现与监管场所、理货公司、承运企业、货运代理等企业的数据联网，有效提升物流通关效率；与银行、保险、证券、投资等各参与方共建"数据信用"体系，打通供应链各参与方信息孤岛，促使信息透明化，提升风险发现和控制能力，为跨境业务全流程提供金融服务，实现外贸综合服务企业向跨境供应链综合服务企业的升级。

跨境供应链综合服务平台运用国际贸易惯例，遵循国际贸易规则，建立涵盖"一带一路"沿线国家及其他贸易大国的法律法规、国际贸易专业知识和商业管理等知识信息库，收集、归纳、整理和提炼进出口事务管理要素，针对不同用户角色，区分贸易方式，创新服务理念，建立国际贸易标准化的商业模型、信息平台和跨境供应链服务体系，提升中国进出口企业在国际市场上的竞争力；实现规则对标、管理对标、服务对标、平台对标，逐步提高中国标准在国际贸易规则应用及制定过程中的话语权，促进贸易便利化。

跨境供应链综合服务平台通过搭建外贸综合服务、全球云关务、可视化物流和供应链金融四大协同平台，建立平台间数据交换和信息共享机制，构建跨境供应链智慧化体系，实现业务自动归类、风险科学预判、资源高效协同（见图10-8）。

基于IoT技术的智慧跨境供应链综合服务平台总体架构由数据采集层、公共服务层和应用层组成。数据采集层主要负责采集管理来自供应链设备底层的数据，包括来自智能终端设备和企业内部应用系统的数据；公共服务层主要提供编码解析服务、编码发现服务、安全管理等相关服务；应用层采用SOA的思想构建，即以web服务为主要形式，以跨境贸易企业为核心，支撑IoT应用、业务数据交换、跨境贸易企业应用集成。

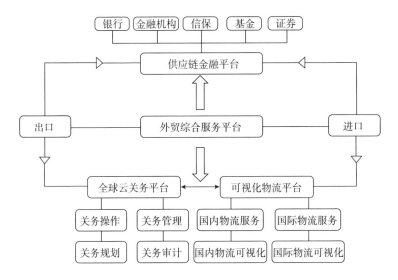

图 10 - 8　跨境供应链综合服务平台体系

（1）外贸综合服务平台

公司基于多年海关数据沉淀，互联"关检汇税"，互联中小企业，利用"互联网＋外贸"创新模式，打造高效率通关系统，将风险进行定价与可视化，优化进出口企业的时间、空间、资金等要素配置。

（2）全球云关务平台

以企业关务管理需求为导向，对标国际贸易规则、国际贸易通行做法和国际贸易惯例，为加工贸易企业、大型进出口企业提供标准化、智能化的关务操作、关务管理、关务审计、关务规划、AEO认证、关务融资、贸易支持等进出口关务及电子商务管理服务，实现进出口企业关务管理"合规、安全、高效、低成本"。

（3）可视化物流平台

在跨境物流重要物资商品流通中将 RFID 技术应用于自动化识别，研究复杂跨境贸易物流现场中 RFID 读写器的射频抗干扰技术，开发符合复杂环境要求的高频、超高频电子标签与条码兼容的读写设备，并进一步开发小型化、嵌入式 RFID 读写模块；实现商品在仓储、运输、配送等全程动态追踪管理，实时掌握商品所处的作业环节，同时与国外物流、仓储等机构进行信息对接，实现跨境供应链物流全程可视可溯。

（4）供应链金融平台

公司以跨境供应链综合服务平台为核心，完成业务流程的可视化配置，与第三方系统无缝对接，实现银行、保理等金融业务的线上一站式服务。通过"M＋1＋N"模式，连接银行与企业，为出口企业提供票据贴现、订单融资等服务，为进口企业提供短期流动资金贷款、国内信用证等服务。引入各类型金融产品，包括融资管理、外汇相关业务、资产业务，公司以平台上的大量真实贸易数据为依据，进行集约化、规范化监管，实现金融资源对中小企业的支持。

2017 年 3 月，南京市商务局与江苏跨境、浙商银行三方共同在南京率先设立"外贸综合服务退税资金池"，解决中小进出口企业退税难、退税周期长等急迫问题，实现了良好的经济效益和社会效益。未来将进一步扩大覆盖规模，形成可复制可推广的模式，由市到省到全国逐步铺开，助力进出口中小企业。

　　另外，江苏跨境还加大外贸综合服务的大数据风控模型建设，加强政府部门间、企业间、平台间的数据协同和结构化设计，进行信用升级。建立以上游生产企业产能配置、行业现状、进出口经营数据、中国信用保险海外客户信用数据为底层数据池的全链条数据协同。计划由中国进出口银行、中国出口信用保险公司、江苏跨境、政府相关职能部门共同发起设立百亿规模的"政企银保资金池"，对中小微企业的金融服务从解决 15% 的退税资金延展升级到解决 70% 的出运后融资。

　　"赊销易"是基于中国出口信用保险公司（中信保）保单覆盖下的应收账款融资（见图 10-9）。

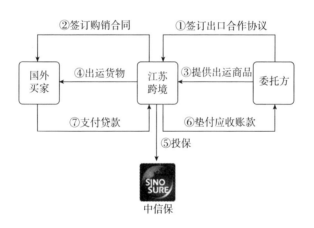

图 10-9　赊销易的业务流程

　　"押汇易"以用户符合信用证条款的全套单据为质押，银行参照票面金额将款项提前垫付给出口企业，帮助企业快速回笼资金（见图 10-10）。

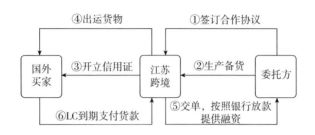

图 10 - 10　押汇易的业务流程

"备贸易"为基于信用证项下的订单提供提前垫付货款的服务，帮助出口企业解决备货期间的采购、组织生产、货物运输等资金需求（见图 10 - 11）。

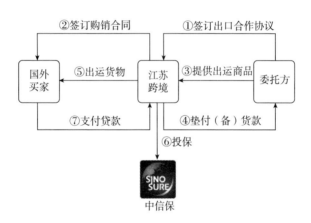

图 10 - 11　备货易的业务流程

跨境供应链综合服务平台运用国际惯例，遵循国际规则，通过与上下游环节协调，制定符合跨境供应链业务需求的服务标准规范，实现报关数据、退税凭证数据、物流全程数据、银行收付数据的标准化、规范化，提高贸易流程的协同化水平，实现降本增效。

江苏跨境作为省级外贸综合服务企业联盟主席单位，将发挥行业龙头企业作用，以政策法规、市场需求、国际惯例为依据，及时掌握跨境供应链综合服务行业的现状、发展趋势等动态信息，系统整理有关法律、法规、标准和规程等资料，梳理标准编制原则，带领联盟成员企业实践并形成本行业服务标准规范。

物流导向贸易的供应链金融案例

越海：像夫妻一样的贸易物流一体化

深圳越海全球物流公司（以下简称"越海"）成立于 2002 年，前身是在香港成立的越海国际船务有限公司。多年在全世界跑船的经验，让越海现在建成了国际物流平台、信息平台、资金平台，以及销售平台，并依托这些平台向珠三角、长三角、环渤海经济圈等区域的产业基地提供全面的、综合的物流服务；同时，与一些国内外的知名企业建立了合作关系，如飞利浦、英特尔、戴尔、富士康、三星、LG、明基、广达、冠捷、光宝、神舟电脑等。越海是中国目前服务于 IT 产业的最大综合物流企业，在国内外设有 8 个基地、16 个分公司，以及 30 个运营网点，总注册资金 6 亿元。业务范围包括：运输配送、国际货运代理、进出口代理、VMI 仓储、保税物流平台、国际采购分销、供应链金融服务和销售渠道管理。

其中，运输配送，是越海最早的物流业务，1998年起，越海（当时还是香港越海公司深圳代表处）自建车队开始提供内地到香港的运输业务；自2001年起，越海构建全国配送网络，为跨国企业提供国内干线运输及零担配送服务。国际货运代理，是越海接受客户的委托或授权，代办各种在国际贸易和货物运输中设计的托运、提货、存储、报关和保险等环节的操作。进出口代理，是越海利用自身在国际贸易单证业务、外汇核销政策，以及海关清关和进出口检验检疫等方面的操作经验，为客户提供"双抬头进出口代理"服务。VMI仓储（vendor managed Inventory），是越海从原材料阶段开始介入，利用VMI仓储和JIT配送，帮助客户减少供应链运营环节、降低物流和仓储费用，提高运营效率。保税物流平台，是越海通过分布于国内主要城市的保税物流平台体系，为客户在内销、退税、出口复进、存储进出口货物、加工增值服务、快捷通关、货物结转等方面提供服务。国际采购分销，是越海在全世界范围内，为客户寻找质优价廉的产品与服务，并将客户的产品和服务提供给世界各地的消费者。供应链金融服务，包括代缴税款、付款保函、代开信用证、代付货款、代开银行承兑汇票等。销售渠道管理，是越海通过与渠道商合作、组建专业分销管理团队，对分销流程进行优化改造，建立和管理自己的分销体系。

在遇到越海之前，飞利浦销往中国的产品，从海外工厂到中国的终端市场，需要经过码头货运、进出口报关、全国配送、寻找分销渠道等多个环节。飞利浦把每个环节外包给不同的服务商，找什么人办什么事，这就需要跟不同的人打交道，非常麻烦。遇到了越海之后，情况逐渐好转。越海与飞利浦的合作始于1997 年，当时越海承包了飞利浦显示器原材料的进口报关、运输、厂内周转仓储等物流业务；2004 年，越海又承接了飞利浦的内销运输、进出口代理等业务；2005 年，越海成为飞利浦华南区总代理；2007 年，越海为飞利浦提供全面的物流集成服务，并凭借物流运营能力开展了专为飞利浦定制的供应链金融业务。

具体流程方面：首先，飞利浦跟中国的经销商达成交易，签订购销协议。然后，越海和飞利浦形成合作关系，承接飞利浦在这个分销过程中的所有物流活动，并且根据具体的活动，设计融资服务。接着，越海先代替国内的经销商向飞利浦垫付货款，随后的取货运输、码头货运、进口报关、代缴关税、直接转运、全国配送、分拣分拨等等全部流通环节，均由越海负责。等货送到了，国内经销商再跟越海一手交钱一手交货。在这个过程中，越海提供的融资服务，体现在帮助客户代缴税费和垫付货款上，越海在这中间获取融资收益，另外还有物理运营和管理的费用（见图 10 - 12）。这里需要说明，这一套流程需要全程在越海的平台上完成，没有金刚钻，揽不了这瓷器活。

飞利浦通过与越海的合作实现了两方面的利益：一是降低了从前分散外包产生的交易成本，并保证了产品在物流过程中的安全；二是及时回笼资金，规避了由于下游客户资金短缺、分期付款造成的应收账款积压的问题。对飞利浦的经销商而言，一方面可以较低成本获得飞利浦的产品供应，节省了过去中间环节的交

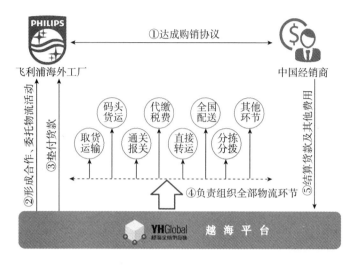

图 10–12　越海为飞利浦提供的一体化供应链金融服务

易成本；另一方面解决了无法向飞利浦支付全额货款、资金短缺的问题，还能享受批量采购的价格优惠。越海则通过综合性的物流和代理服务，嵌入了飞利浦的业务流程，并通过向下游融资拓展了盈利空间。

郑明物流：对土豆从种到销的全程整合

上海郑明现代物流有限公司（以下简称"郑明物流"）的前身是成立于 1994 年的上海郑明汽车运输有限公司的物流板块。郑明公司 1998 年布局全国物流网络；2011 年获得红杉资本投资，成立了郑明物流，公司总部在上海。目前，郑明物流是国家 AAAA 物流企业，主营业务包括冷链物流、汽配物流、电商物流、商贸物流，兼营垫付、代收货款以及融资、质押等物流金融服务。截至 2015 年 5 月，郑明物流在全国拥有分公司 50 多家，自有冷链运输车辆 300 多辆、特种集装箱运输车辆 50 余辆、厢式及其他运输车辆 300 余辆，另有可控外协车辆 1 000 多辆，日物流量 1.5 万余吨，其中冷链物流量 5 500 余吨。拥有仓库面积 20 多万平方米。

2012 年，设立郑明学院、郑明实训基地；2013 年，开创国字号冷链培训基地与地方民营企业战略合作的先河——中仓储冷链物流培训基地；成为中国食品物流示范基地，成功通过上海市高新技术企业认定，凯辉私募基金进入，公司成为中、美、法合资企业；2014 年，大和证券、高和创投注入资金，上海郑明国际物流新版网站正式上线，并开始海外市场的布局，在新加坡、日本、北美设立子公司；2015 年，国际金融公司（IFC）进入，并经上海市工商行政管理局批准改制为中外合资企业；2016 年，摩根士丹利、春华资本、国家开发银行进入，助推企业 IPO 进程；2017 年，成立企业技术中心。

2013 年，郑明公司市场部在内蒙古呼伦贝尔发现该地区土豆出田外运的难题。呼伦贝尔是我国较大的土豆生产基地，该地的土豆出田后被一家名为"麦肯"的哈尔滨企业收购，经加工后配运至全国麦当劳、肯德基快餐店。由于运力不足，土豆在批量成熟后只有一部分能被及时送往加工厂，不能及时外运的土豆被滞留田间地头，面临破皮、腐烂、废弃的危险；那些拉土豆的也非专业农产品运输车辆，而是临时组织未加装防护设施的一般货运卡车，运输责任度低、经验欠缺，土豆在运输和装卸时经常会受到损伤。因为土豆按照品质、大小、完整程度分等级，不同等级的土豆售价每吨从 600 元到 1 500 元不等，因此土豆品质受损直接影响种植户的收益。

以往种植户种植土豆的培育款是由麦肯提供的，种植户需要支付一定的利息，而从土豆收购、加工、分销至下游快餐门店直至收到货款，通常要经过两个收到账周期。也就是说，种植户在领取土豆交货单 60 天之后才收到销售款，其间种植户的生活资金及种植资金仍产生利息成本，这些都造成了种植户生活与作业成本的升高。

在对麦肯公司进行实地调研后郑明物流发现，每年 8 月中旬到 9 月底是内蒙古土豆成熟季节，麦肯公司在这一时期预计要收购 20 万吨土豆。按照每辆车 50 吨计算，需要 4 000 车次的运输，平均每天要完成 150 辆到 300 辆货车的收购任务，采购部人员的工作负荷特别大；货款按每吨 1 200 元计算，共需 2 亿多元，资金压力也不小。麦肯公司支付种植户 20% 预付款用以购买种薯、农药、机械等；面对下游的麦当劳、肯德基这样的买方市场，常有积压库存产生，最长积压达 2 年之久。

郑明物流将供应链管理介入麦肯的土豆供应链业务，提供一站式的供应链服务，并且开展供应链金融物流业务，多点盈利。首先，郑明物流以自身的运输组织能力及行业经验，揽下采购物流业务，并且结合资金优势垫付 20% 种植户种植预付款，接收麦肯的种植外包及采购、运输业务。接手之后，郑明物流利用在行业中的运营经验、组织能力、影响力和号召力，招募了大量车辆进行编队运输，这样通过体量优势，将运输交货的时间由原来的 24 小时缩短至 19 小时；与此同时，为进一步解决农户资金压力，同时也为自己创造新的利润点，郑明将销售前的土豆进行质押，并在质押手续完成后交付农户质押款，种植户 80％货款得以一次性支付，到账周期由 60 天缩短至 15 天，种植户种植的积极性大大提高。

另外，郑明拿到麦肯土豆采购收货、质物监管及分销执行业务，质押手续费相比借款利息要低出近一半；农产品参与流通的首个环节可免交增值税及相关税费，并可在之后的流转中进行增值税抵扣。土豆出田收装后，郑明物流的工作人员到当地税务局为种植户集中办理增值税发票，实现土豆初流通环节的增值税进项税抵扣。在分销方面，郑明物流一次性购入麦肯薯条半成品，将麦当劳、肯德基快餐店与自有的分销网络进行整合，在分销的基础上进行购销贸易，在减少了麦肯公司的配送成本及库存积压的同时，增加了自身的物流收益及贸易收益。

郑明物流的整体业务开展按照采购物流组织、种植户种植款垫付、土豆动产质押、厂内物流效率提升、分销物流、购销业务进行麦肯项目推进，在实际业务项目考察、谈判、推进中，各子业务交叉进行、相互推动。自此，郑明物流利用运输取得麦肯土豆运输业务，与麦肯一起对土豆的到接货、生产物流进行改善，并又接下麦肯的分销物流业务，与自有的销售渠道整合，消化麦肯积压的库存，建立经营自有薯条购销业务。在销售环节凭借大盘货源买断优势，以及自身物流网点布局优势，整合下游需求商，构筑分销网络，整合、分享供应链利益，共担分销风险（见图 10 - 13）。

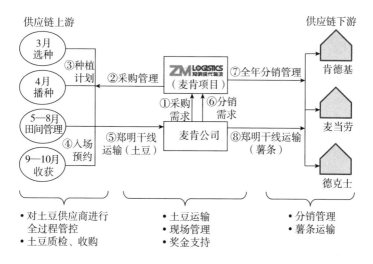

图 10 - 13　郑明物流（麦肯项目）的供应链金融服务流程

在购销市场方面，每年麦肯大约拥有 5 万吨的薯条半成品，郑明公司以每吨 9 000 元购入，10 000 元售出，每吨赚取 1 000 元的价差，年获利 5 000 万元。郑明物流在麦肯项目中，平均利润率在 10% 左右，配送业务盈利率仅为 4.6%，单点业务盈利低，多点业务盈利总和高，整体利润率高达 47.5%，这一效应被郑明集团称为"面包效应"。借助郑明公司原有冷链物流、金融物流及其他业务市场，拓展金融物流及商贸业务，并通过自身网络优势提供必要的信息服务，实现供应链物流、资金流、商流、信息流"四流"整合，巩固了上下游客户关系，紧密了利益相关方合作，也强化了郑明公司在供应链中的地位。

一体化贸易的供应链金融案例

怡亚通：开源节流，两手抓两手硬

深圳市怡亚通供应链股份有限公司（以下简称"怡亚通"）成立于 1997 年，总部设在深圳，是中国第一家上市的供应链企业，旗下现有近 150 家分支机构，全球员工 9 000 余人，具有遍布全国 380 个城市的深度营销与分销执行平台，并积极扩展海外布局，形成覆盖全国、辐射全球的供应链服务网络。经过十余年的发展，怡亚通以 IT、通信、医疗、化工、快消、家电、服装、安防、汽车后市场、太阳能等行业为主要服务领域，为全球百余家世界 500 强和近千家国内外知名企业提供专业供应链服务（见图 10 - 14）。

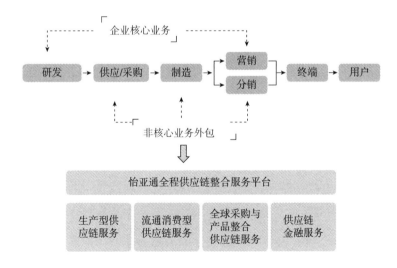

图 10 - 14　怡亚通的供应链服务框架

怡亚通最初的供应链金融服务，是从帮助中小企业采购开始的，当时很多的中小企业从事委托生产，下游买方对出货时间的要求比较严格，但原材料采购却存在供货周期，很多原材料供应商还要求中小企业支付预付款或者定金。中小企业本就资金紧张，又很难从银行贷款，怡亚通提供融资服务的最初目的，就是帮助中小企业缩减采购周期，顺利开展生产。

一开始，当下游买方向中小企业下达委托生产加工的订单后，中小企业会将原料采购外包给怡亚通。企业向怡亚通提供采购清单，怡亚通帮企业垫付货款。上游供应商收到货款后，向怡亚通的仓库发货；如果是境外供应商，还会通过怡亚通在香港集货，然后发往怡亚通的仓库。中小企业在这之后定期跟怡亚通结算，从怡亚通那里取货，生产出来的成品也先存放在怡亚通的仓库里，怡亚通跟下游买方确认订单后发货，买方验货付款。怡亚通最后扣除自己的服务费后，将货款返还给生产企业（见图10-15）。在这个过程中，怡亚通主要是运用自己在银行那里闲置的信用额度，把钱贷出来。也就是说，银行愿意借给怡亚通100元，但它自己只需要借60元，它把剩下的40元借出来帮中小企业垫付货款，通过资金的周转获得一定比例的服务费用。

后来，怡亚通发现很多海外客户要把产品卖到中国，往往是将产品卖给众多的进出口商，再委托众多物流公司把产品送到众多进出口商那里，众多进出口商再把产品专卖给众多分销商，众多分销商再一级一级批发零售。产品的流通环节过于复杂，增加了海外客户的名单管理的成本和难度；多次转手也提高了产品的

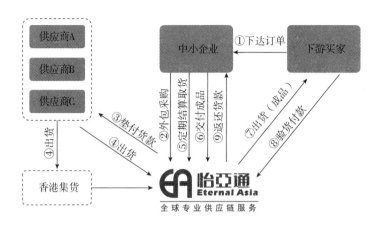

图 10 - 15　怡亚通的供应链金融服务流程（1）

物流成本；客户缺乏对市场终端的信息把握，不能形成对市场的快速反应。因此，怡亚通在产品分销方面开展了流通执行业务，并且提供分销上的供应链融资服务。在具体流程上，首先，怡亚通跟海外客户合作，成为客户的指定供应链服务商。在客户与分销商达成购销协议后，怡亚通向海外客户支付货款，并且负责产品的通关报关、仓储运输等一系列的物流环节。这时候，产品的最终用户会向分销商付款订货，等货款打到怡亚通这里了，怡亚通直接把产品配送到最终用户的仓库去（见图 10 - 16）。

在这个过程中，怡亚通是先放款进货，再收款分销，并且利用自身的信息系统的物流资源，形成了产品的无缝连接，省去了大量的中间性支出，这样就能降低产品的物流成本，让产品在价格上更有竞争力，而且也让海外客户的供应链运营变得简单高效。

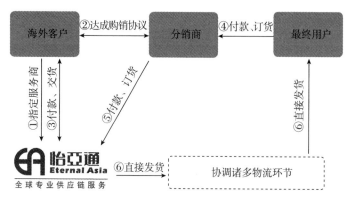

图 10‑16　怡亚通的供应链金融服务流程 (2)

近年来，怡亚通确立了"全球供应链整合服务平台"的发展方向，在继续深化采购执行和销售执行的基础上，全面向深度采购、深度分销以及产品整合升级，全力打造电子商务平台，并融合怡亚通本来就完善的业务网络优势，使怡亚通的供应链服务更具竞争力。怡亚通打造了一个"大超市"，企业可以随意选购它需要的供应链服务，也可以选购到企业非核心业务以外的集合物流外包、商务外包、结算外包、信息系统及数据外包等的一站式供应链服务。特别是在各行业日益拥抱互联网的当下，怡亚通将充分发挥线下资源优势，打造"两天网两地网一平台"的互联网供应链战略。

"两天网"是指 2 个互联网平台：B2B 宇商网（www. esunny. com）、B2C 和乐网（www. 365hele. com）；"两地网"是指 2 个渠道下沉供应链平台：380 深度分销平台、和乐生活连锁加盟超市；"一平台"是指 1 个物流主干网：物流平台（见图 10‑17）。

图 10-17　怡亚通"两天网两地网一平台"战略框架

在这样的体系下，如果 A 企业有终端客户 200 家，B 企业有终端客户 300 家，C 企业也有终端客户 300 家，未通过怡亚通的平台运作之前，它们分别有各自的分销方式和运作体系，各个节点的供应链服务也由数家合作伙伴完成，彼此之间相对独立，各自为政。若三家企业均与怡亚通建立合作，其下游的 800 家终端客户也集结为一个有共同价值主张的资源圈，通过怡亚通平台强大的供应链服务和整合能力，三家企业不仅能顺利实现产品直供终端，还可共享 800 家终端客户资源，扩大产品销售通路，提高产品覆盖率；同时，800 家终端客户也可共享三家企业的资源，以更具竞争力的产品抢占市场份额。对怡亚通而言，在帮助客户做大做强的同时，也收获了客户更大的信任和依赖，这是建立稳固的战略合作、开辟新的蓝海的基础。

第11章 电商平台的供应链金融

互联网、信息技术与供应链运营：科技拉近距离

互联网和信息技术的发展爆棚为人民生活带来了翻天覆地的变化。以前需要查阅很多资料、咨询很多专家才能了解的信息，现在轻轻百度一下应有尽有；以前费尽周章都联系不上的朋友，现在他可能每天都在群里发你懒得看的消息；以前买个东西需要花很长时间去找去挑，现在电商平台上只有你想不到的，没有你买不到的，送货到家、方便快捷。互联网已渗透到生活中的每个细节，改变了我们吃饭、睡觉、出行、旅游、休闲、婚恋、缴费、沟通等方方面面。

相较于生活领域，互联网对生产领域的影响更是有过之而无不及。互联网和信息技术大大降低了企业间的交易成本，生产性服务业兴起，企业可以方便地将非核心业务外包，直接导致了供应链协作体系的根本变化。

首先是企业内外部门关系的变化，包括企业内的跨职能关系

和企业间的跨组织关系。前者是企业各部门之间由原来各自履行独立职能，转变为多部门互相了解、加强协作、共享资源，实现共同愿景；后者是指企业之间，以及与其他社会组织之间的协调更为顺畅，特别是在分销、采购、需求预测、库存管理、能力规划等方面的深入合作。

其次是供应链协作形式的变化，从以产品为基础转变为以价值为基础，这种新型供应链协作的核心要素是服务。在互联网和信息技术构建的协作体系中，企业更加注重服务。由于服务的生产和消费是同步的，故上下游之间不再是简单的交易关系，而是一种更加互动的、协调的、共同创造价值的、他好我也好的依存关系。很多时候，企业与合作伙伴共同制定运营计划，并通过信息系统对接，实现知识传递和信息共享，进而形成投资的一体化协同。

再次是供应链运营网络的变化，企业的运营范围更加宽泛，不仅实现了产业内部协同，还实现了产业间协同。这种新的协同网络结构由近及远，存在三种形态：一是链式形态，企业关注与供应链上下游企业间的价值协同，大家齐心协力为一个共同的价值目标奋斗；二是辐射式形态，企业以自身为中心，在商业生态中联合外围的企业、机构，由近及远地扩散自己的价值网络；三是星座式形态，基于技术和经济因素，相关联的产业之间联结成松散的网络，可以为网络中的企业提供新的机遇，激发创新灵感，企业可在网络中进行跨行业的业务协同。

如此一来，以互联网和信息技术为基础的电子商务，分别从流程、要素、结构三方面，促使供应链协作体系从原来的以产品经营为基础，逐渐向以价值协同为基础转变。

基于价值网络的供应链体系：回归商业的本质

在当今商业社会中，市场需求愈加多样、行业竞争愈加激烈，创新力是决定企业生死存亡的关键因素。通过与不同合作伙伴的信息传递，可使企业在收集、整理、编码、分析数据的过程中了解不同环节的运营知识，提高商业智慧。如果供应链上的企业都协同起来，就能众人拾柴火焰高，大家通过共同的信息传递和知识创造，形成一种共同的智慧，将其最终转换为高效的运营和服务能力。基于价值网络的新型供应链体系，就是供应链成员（供应商、采购商、第三方物流等）之间通过相互的协作，共同创造价值。电商平台若要在这种新型体系中建立竞争优势，需要关注以下方面：

第一，通过数据的可视化传输，实现供应链中的信息整合。数据存储如果闭门造车会造成信息孤立，如果供应链中不同的数据分散在各自孤立的数据库中，任何企业都没法全面掌控产品、客户、供应商的情况，这便提高了所有企业的信息管理和运营的成本。电商平台需要与供应链中的其他企业建立信息通道，实现快捷的信息共享，加强彼此间的业务协调。如果供应链企业间的数据资源能被整合到一起，不同部门的数据相互关联，则便于上下游之间多系统的无缝连接，这样便可以及时应对多样化的客户诉求，共同为客户提供一体化的价值；同时，使交易系统变成开放式的商业网络，也便于电商平台整合其他的利益相关者，并发现新的商机。

第二，利用 O2O 的运营模式，实现供应链的多渠道融合。O2O（online to offline）是线上和线下的业务整合，用户在线上对产品和服务进行搜索、筛选和支付，在线下对产品和服务进行领取和体验。所以，线上和线下的业务是一种虚实结合、相辅相成的关系。这种线上线下业务的一体化模式，一来可以推动库存融合，同品牌线上线下的销售可共用仓库，线上平台接单后可根据线下的实体销售网点就近发货，发挥了同品牌多仓多点的优势，节约了库存成本；二来可以实现网络融合，同一品牌的线上线下业务在同一网络内实现同步销售、共享资源，提高供应链整体对市场变化的反应能力，共同提高市场份额；三来可以促成服务融合，通过对线上和线下的客户数据进行整合，能对客户需求进行精准预判，以便于满足多样化的售后服务，提高用户体验。

第三，建立战略联盟关系，降低采购运营成本。如今，越来越多的电商平台借助于互联网和信息技术与供应商建立战略联盟，并与供应商签订长期的采购合同，这样不仅可以通过大批量采购降低采购成本，还便于相互之间展开深入合作。比如，战略联盟伙伴之间通常会实现系统对接，电商平台的信息系统可以根据库存和销售的数据预测未来需求，随后向供应商下订单，供应商接到订单后，根据系统协调的时间和地点为客户送货，整个流程在对接系统中执行，提高了库存的周转效率。

第四，借助高质量的物流服务，高效地响应市场变化。一方面，托运人希望获得运送货物的实时信息，了解物流服务的成本和可得性情况，这要求物流系统能满足不同客户小批量、多品种的服务需求；另一方面，承运人更关注物流环节本身的管理，如存储、分拨、装卸、配送等环节的组织和操作情况，往往大批量、少品种的物流服务才能保障操作流程顺畅。由于电子商务的发展促使商品交易量呈几何级增长，也促进了物流服务水平的大幅提升。基于电子商务的物流运输系统，可以通过顺畅的组织和操作，把产品低价高效地送到客户手中，帮助客户保持对市场变化的快速反应。

第五，开展供应链金融，建立延伸优势。对电商平台企业而言，完善的供应链网络是最重要的资源，电商平台需要帮助供应链中其他成员解决现金流问题，维护和发展供应链网络，提升自身在供应链中的江湖地位；同时，数据传输可视化、O2O运营模式、战略采购协同和高质量物流服务，也为电商平台开展供应链金融业务奠定了基础，可以帮助电商平台充分掌控客户的信息和供应链运营的状态，对供应链金融活动进行有效风控，从而提升新型供应链的整体竞争力来反哺自己。

电商平台的供应链金融服务：销售和采购是不同套路

在以价值为基础的供应链网络中，不同的电商平台会根据自身所处领域的特征，采用不同的服务模式。根据供应链中不同的交易环境，电商平台大致分为三类：2C 的销售型电商平台、2B 的采购型电商平台、2B2C 的整合型电商平台。相应地，电商平台供应链金融的服务模式也大致分为三类：销售型电商的供应链金融服务、采购型电商的供应链金融服务、整合型电商的供应链金融服务。

销售型电商平台不仅面向消费者，还面向提供产品的上游供应商，这种电商平台开展供应链金融服务时，关注重点是成品在供给和分销过程中的资金需求；采购型电商平台让生产企业的原料采购更加动态、高效，采购型电商开展供应链金融服务时，关注重点是产业上下游采购过程中的资金需求；整合型电商涵盖了从原料采购到成品销售的全过程，以及全过程中的配套服务，相对于前两者，整合型电商如果开展供应金融服务，需要关注从产业上下游到消费终端的整体价值诉求。

销售型电商平台的供应链金融

销售型电商平台是通过互联网和信息技术，围绕消费者对产品和服务的需求，开展的交易活动。比如在美团上订外卖、在滴滴上约车、在携程上订机票、在淘宝上买衣服。但是我们知道，美团、滴滴、携程、淘宝都只是电商平台，它们自己不生产产品，它们只是提供一种交易平台（以及交易监督机制），消费者和商家在平台上进行交易。这些电商平台都可算作销售型平台，一方面向下游的消费者提供服务；另一方面向商家或者供应商提供服务。

这类平台上的商家或供应商基本都是中小微企业，它们在运营的过程中经常会面临资金短缺的问题，这也正是销售型电商平台开展供应链金融服务的市场基础。销售型电商平台不仅提供了虚拟的交易场所，还掌握着商家大量的交易、物流、资金、信用等各方面的数据，对自家平台上的用户比较了解。所以，面对这些线上的中小微企业，电商平台一般是开展供应链金融的核心角色。

采购型电商平台的供应链金融

采购型电商平台是针对特定产业中的原料（包括零部件）销售，以及相关的生产性服务来开展业务，比如饮料企业采购白糖、钢铁企业采购煤炭、汽车企业采购钢材等。采购型电商平台专门针对某一行业的上下游交易，通过搭建交易平台（以及交易监督机制），整合行业内的物流、资金流和信息流，对供应链进行全程管理。

采购型电商平台为供应链上下游提供虚拟的交易场所，平台的功能要能满足面向整个网络的服务；平台的用户都是行业内相对独立的主体，大家本着你情我愿、互利双赢的原则进行交易。在此基础上，电商平台通过互联网和信息技术，将供应链上下游的交易、物流、金融等业务流程汇集起来，建立起行业内的多层次平台，为供应链中的交易双方提供金融服务。

整合型电商平台的供应链金融

整合型电商就是把供应链中的采购和销售全面整合到一起，实现从创造价值到实现价值的过程。跟前两者相比，整合型电商平台的运营范围更加广泛，通过互联网和信息技术，同时具备大众销售和专业采购的运营能力，以及良好的物流、资金、信息等服务管理系统。

整合型电商平台通过内部不同部门之间的分工协作，涉及了产品从生到死的全过程，某种意义上可以看作是对供应链关系的一种重构。因此，整合型电商平台的供应链金融服务，面向的是产品从产到销全过程中的资金融通，业务基础是包括中小企业、金融机构、第三方物流等各方主体在内的供应链商业生态。当前，国内只有极少数的电商平台有能力开展这种供应链金融业务，阿里巴巴算作其中一例。

> **小结**
>
> 互联网和信息技术的发展，使供应链体系的协作基础逐渐从产品经营转向价值网络。供应链成员之间通过电子商务的形式传递信息、开展交易，电商平台有条件了解不同交易环节的运营知识。在这种新型供应链体系中，电商平台需要重视数据的可视化传输、O2O运营、战略联盟采购、高质量物流服务，以及供应链金融等关键因素，而前

四者是开展供应链金融业务的基础。电商平台依照客户所处的交易环境大致分为三种形式：销售型电商平台，是围绕消费者对产品和服务的需求，开展的交易活动；采购型电商平台，是针对特定产业的原材料和零部件销售，以及相关的生产性服务来开展业务；整合型电商平台，是把供应链中的采购和销售全面整合到一起，实现一个从创造价值到价值变现的过程。电商平台的供应链金融本质上是基于价值网络创造的一种延伸价值，并根据业务性质的不同大体分为三种形式：销售型电商的供应链金融、采购型电商的供应链金融和整合型电商的供应链金融。

销售型电商平台的供应链金融案例

京东：为保证销售为自家上游提供融资服务

京东的前身是 1998 年由刘强东在北京中关村设立的京东公司，公司创立初期的主营业务是电脑周边产品（如软盘、光盘）的代理销售。2004 年，京东开始涉足电商领域，开通京东多媒体网，并在全国首创在线即时拍卖系统，当年实现销售额 1 000 万元。2006 年，京东在上海成立全资子公司，当年实现销售额 8 000 万元。2007 年，京东在广州成立全资子公司；京东多媒体网更名为京东商城；在北京、上海、广州建成三大物流系统；提供首创移动 POS 机上面刷卡服务，当年实现销售额 3.6 亿元。
2008 年，京东以平板电视为开端涉足家电销售领域，并将空调、
冰箱、电视等大型家电产品线逐一扩充完毕，完成了 3C 家电①的
全线搭建。2010 年，京东商城开通全国上面区间业务。2011 年，
京东启动移动物联网战略，京东商城的 iOS 和 Android 客户端相
继开通，并上线了包裹跟踪系统。2012 年，京东商城启动了酒店
预订业务和电子书刊业务。2013 年，京东商城全面改名为京东，
域名由 360buy 改为 JD。2014 年，京东同阿里、腾讯、百度一道
进入全球互联网公司十强。

　　经过 20 年的发展，京东在 2018 年的世界五百强企业中排名
第 181 位，目前集团旗下有京东电商、京东金融、拍拍网、京东
智能、O2O 以及海外事业部等组织机构。依托于这些年打造的庞
大的开放性平台、全品类的经营规模、覆盖全国的物流配送体
系，京东形成了基于产品采购、销售和物流等多方面的客户资
源，从而为开展供应链金融业务提供了充足的条件。凭借电商平
台和物流体系覆盖的产业链，京东形成了基于商品采购、销售和
物流等多个环节的供应链业务，并不断将金融业务向上游的制
造、研发等环节延伸。而开展这些金融业务最重要的前提，就是
京东拥有的海量在线用户，以及所掌握的大量真实交易数据。通
过对这些数据的分析，京东开发出了具有针对性的融资业务，资

---

① 3C 家电，即计算机（computer）、通信（communication）和消费类电子产品
（consumer electronics）的统称。

金来源除了与金融机构合作，还包括京东的自有资金，其中包括订单融资、入库单融资、应收账款融资、京保贝等多种融资形式。

（1）订单融资，是京东针对自营的商品向供应商发出采购订单的时候，协助银行一道向供应商提供采购、生产、装运等环节需要的资金。这种模式主要是面向履约能力强、信誉良好的供应商，并且产品的市场价格平稳、保质期较长。也就是说，京东不但向供应商采购，还帮助供应商在生产中获得融资。这样使京东的供应商解决了资金短期的后顾之忧，可以专心开展生产，并缩短了整个供应链的贸易周期。

在流程上，首先，京东向供应商下采购订单。然后，京东跟银行和供应商签订一个三方协议，这样供应商凭借京东的采购合同，就能向银行提出融资申请。随后，京东配合供应商，把订单以及其他相关信息传递给银行。银行在信用审核的基础上，向供应商提供资金，最后由京东跟银行结算（见图 11-1）。

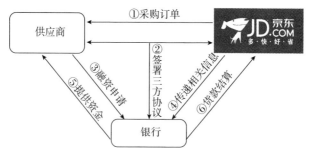

图 11-1　京东的订单融资流程

（2）入库单融资，是以进入京东库存的入库单、仓单等货权凭证为质押，为供应商提供融资。这种模式充分利用了京东的物流优势，可使供应商共享京东的授信，并且放款快捷，短时间就能获得银行融资，因此比较适合商品价值平稳，并急需资金的中小供应商，帮它们盘活库存。

具体来说，首先，京东跟银行签订协议，让银行答应为供应商提供库存融资。然后，供应商把商品转入京东的库存，并且向银行提出融资请求。供应商虽然把商品放在了京东的仓库，却要把货权转让给银行，在这基础上，从银行那里获得融资借贷。最后，京东售出这些库存商品之后，再跟银行结算（见图 11-2）。

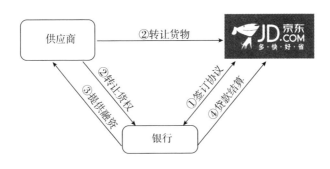

图 11-2　京东的入库单融资流程

（3）应收账款融资，是京东帮助供应商把对京东的应收账款的债权转让给银行，或质押给其他金融机构获得融资。这种模式无须取得银行授信，能加快销售资金回笼，并优化资产结构，主要针对没有银行授信或急需流动资金的中小供应商、有优化报表需求的大型供应商，以及账期时间较长的供应商。

具体来说，首先京东跟供应商签订采购合同，形成供应商对京东的应收账款。然后，由京东向银行推介合适的供应商，京东、供应商和银行签订三方协议。在此基础上，供应商向京东和银行提出融资需求，京东配合将应收账款的信息传递给银行，并且做出日后支付的承诺。银行向供应商提供资金，等约定时间到了，京东跟银行结算（见图 11 - 3）。

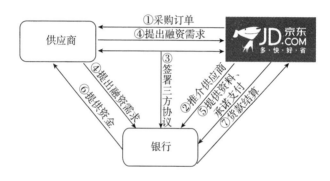

图 11 - 3 京东的应收账款融资流程

以上几种融资形式的资金一般来源于金融机构，除此之外京东还会利用自有资金开展供应链融资业务，这些融资业务是京东根据自身的电商平台优势，创立的一种创新性的供应链金融服务，由京东旗下的京东金融负责具体事宜。京东金融是隶属于京东集团的子集团，旗下包括保理公司、小贷公司等。2013 年，京东金融独立运营，依托于京东的平台逐渐发展出供应链金融、消费金融、众筹、财富管理、支付、保险和证券 7 个板块，陆续推出京保贝、白条、钱包、小金库、京小贷、产品众筹和股权众筹（现改称私募股权融资）、小白理财等产品（见图 11 - 4）。

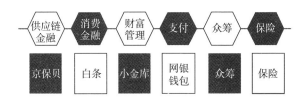

图 11 - 4　京东金融的金融服务框架

2013 年京保贝上线，主要为中小企业供应商提供融资服务；2014 年京小贷上线，主要为电商平台卖家提供小额信贷；2015 年，云仓京融上线，是京东金融联合中邮速递仓储，在国内首创的针对 B2C 电商企业（直接面向消费者的电商企业）的动产融资业务。

其中，京保贝的融资款项来源于京东的自有资金，随借随贷、无须抵押担保，贷款额度是京东根据与对象供应商长期的交易数据和物流数据计算而来，相当于为供应商提供了一个授信额度，主要是帮助供应商解决采购、运营中的流动资金问题。

在具体的流程上，京东跟供应商之间签订贸易协议，形成稳定的合作关系，并且要有长期良好的交易记录。供应商向京东金融提交融资的申请材料，基于申请材料和以往的交易数据、物流数据，京东金融的电子系统会计算出一个融资额度，然后把这个额度报给京东确认。接下来，供应商在线向京东金融申请融资，系统自动处理审批，并且在额度范围内放款。等京东那边完成销售，跟金融部门结算、还款，交易完成（见图 11 - 5）。这种模式比前面的几种更加灵活，因为都是自己家的买卖，不用牵扯到第三方。

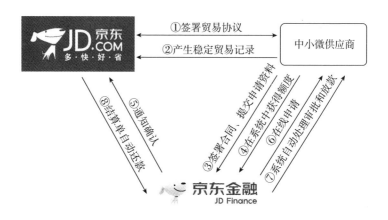

图 11－5　京保贝融资流程

近年来随着大宗商品价格走低和行业信用的恶化，金融机构沿用多年的仓单质押、互联互保等融资模式的认可度越来越低，我国的动产融资业务随即也经历着阵痛。但中小微企业仍有着旺盛的融资需求，在其 70％以上的资产都是存货等动产的情况下，京东金融的动产融资利用大数据和计算模型，可以自动评估商品价值，并有效地控制市场和操作风险，从底层设计上冲破了传统模式的桎梏。

动产融资原属于大宗质押，大宗商品由于价格波动率大，导致融资充斥了各种风险；而消费品的动产融资由于很难估价，一直发展很慢。由于京东的电商平台上积累了海量且细致的商品交易数据，以这些数据为基础再引进一些外部第三方数据，就可以测算出这些商品的价值，解决原来银行等金融机构解决不了的问题。

（1）面对业内"电商刷单"问题，京东金融与有"互联网＋"特点的仓配企业结合，实现了交易的全程可追溯。京东金融将企业的销售数据和仓库数据进行自动配对检验，两者数据统一才被视为真实销售，从而有效规避信用风险和诈骗风险。

（2）面对质押货物的价值评估问题，京东通过海量的 SKU 数据，可以获得产品的价格曲线、产品生命周期等数据，从而做出商品的折扣预测，以及几个月后的商品价格走势，实现质押率计算的自动化。

（3）面对质押货物的真伪和质量问题，因为每一个货物都是在一个供应链链条上流动的，流动的环节越多，数据造假的可能性就会越大。京东的仓内数据和销售最上游数据可以大大提高对货品真伪、质量的把控。再加上从第三方获取的数据，进行颇为复杂的交叉验证关系，使造假数据无处藏身。

（4）面对质押货物的流动问题，为了"不把货压死"，京东通过动态置换系统，自动抓取供应商重新补进来的 SKU，生成一张新的质押清单，做到质押清单的无缝替换，卖得快的货就少质押点，卖得少的货就多质押点，一旦质押品即将卖完，系统可以随时提示客户补货。通过质押商品的动态替换，释放高速流转的货物，满足企业正常经营需求。

苏宁易购：传统商业以金融服务焕发第二春

苏宁易购，最早要追溯到 1990 年在南京创立的苏宁电器。苏宁电器一直是中国 3C 家电连锁零售领域数一数二的线下电器经销企业，连锁网络覆盖中国 30 个省级行政区、300 多个城市，拥有 1 000 多家连锁门店、80 多个物流配送中心、3 000 多家售后网点，员工 18 万人。在互联网普及之前，苏宁是中国最大的商业连锁企业，一度名列中国民企前三。2005 年，苏宁电器为顺应未来的发展趋势，开始组建 B2C 部门——苏宁网上商城，开始了电子商务的尝试，随后分别在南京、上海、北京等国内大中城市上线销售。2007 年，苏宁网上商城的在线销售业务覆盖了全国，并拥有单独的线上服务流程。2009 年，苏宁网上商城改版升级，并更名为苏宁易购。2010 年，苏宁易购正式上线，从此苏宁逐渐重视发展 O2O 业务，强调虚拟网络与实体店面的同步发展，并特别重视提升线上业务的市场份额。就这样，苏宁在从传统的店面销售向在线销售转型中焕发了商业第二春。

通过不断地招兵买马，苏宁扩充在线业务的团队规模，努力发展自己的电商平台。其中，新增人员主要包括从其他公司招募技术人员、苏宁内部的营销采购人员和管理人员，以及通过社会招聘和校园招聘吸纳的人才。在此基础上，苏宁易购的发展战略主要重视三个方面：

一是线上业务的扩展。虽然苏宁的线下业务主要是电器销售，但线上实行全品类战略，不仅有家电、IT 产品，还开拓了图书、母婴、服装、家居、日用百货、酒类、服装、鞋帽，以及酒店预订、票务预订等虚拟商品。

二是线下渠道的下沉。连锁门店过去是以一、二级市场为主导，今后将逐渐向三、四级市场渗透，从大型电器商场向小型化、分散化店面转变，发展一种基于标准旗舰店和邻里店之间的零售业态。

三是发展物流和金融。一方面通过发展自己的物流系统，缩短配送时间；另一方面发展自己的金融业务，打造集团和供应链网络的整体竞争力。

苏宁易购的供应链金融的主要服务对象，是与苏宁易购之间存在真实、连续交易的中小企业供应商。通过线上交易平台和线下实体门店的日积月累，苏宁易购掌握了大量的供应商交易数据，并通过大数据分析可以计算出供应商的信用资质，从而控制融资风险，使自身成为风险管理方。因为苏宁易购具有良好的商业信用，银行凭借苏宁易购良好的商业信誉，向它的供应商提供融资。

在操作流程上，供应商首先需要登录苏宁易购的平台，成为苏宁供应链融资俱乐部的资质会员，在这里面选择个性化的融资产品及合作银行。具体来看，首先苏宁易购向供应商下达采购订单，供应商将订单产品发送给苏宁易购。然后，苏宁易购把结算清单等单据传送给银行，银行根据供应商的信用资质决定融资金额，并提供资金。等融资到期了，苏宁易购向供应商在这个银行的账户支付货款，银行在货款里扣除融资的本息及费用，与供应商进行尾款的结算（见图 11 - 6）。

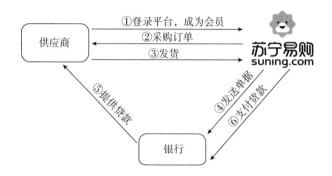

图 11-6　苏宁易购的供应链金融服务流程

这样一来，苏宁易购能够在延长账期的同时，稳定供货来源；供应商能及时获得资金，开展后续的生产经营；银行通过与苏宁易购的合作，能渗透到电子商务的供应链网络的运行中，开拓了新的业务空间。

采购型电商平台的供应链金融案例

中农网：构建农产品流通生态，开展农业供应链融资业务

中农网作为一家多年专注于大宗农产品 B2B 平台企业，针对不同行业特性，采用单品垂直运营的方式，例如白糖、茧丝、木材、苹果、脱水果蔬等，均由专业团队进行独立运营，并根据单品特性搭建行业垂直电商平台，个性化设计服务产品，通过提供诸如仓储、物流、供应链金融等服务，为全产业链上下游参与者赋能。

农业全产业链涉及环节及细分领域较多，主要涉及农资供应、农产品生产、农产品加工、农产品流通、农产品销售五大环节，此外还包括产业巨头布局的农产品全产业链环节和互联网化创新密集的支撑服务环节。中农网一方面将整个产业链上包括原材料现货的流转、加工生产、对外销售等在内的环节连接起来，为各环节的不同需求提供差异化的产品服务；另一方面则积极与农资、农机公司、第三方物流、金融机构、政府等生态圈的其他参与者一起协同，推动技术改造，参与投资，建立信任关系，逐步实现产能的共享，发掘农业未来价值。

长久以来，我国农产品的上游端种植户都是以农民为主，单体生产规模小，分布分散，集约化程度低，这导致了农民生产的农产品通常需要进行集中收购，才能实现批量销售，而在这个过程中，大量的分散收购导致了人力、财力、物力以及时间的浪费，严重影响了农产品流通。

我国幅员辽阔，因地域及气候差异，不同地区主产的农产品有所不同，导致农产品的产区往往不是销区。为平衡市场需求，易出现"北粮南运""南糖北送"等情况，运输距离的遥远意味着我国农产品流通往往成本较高。

农产品流通交易中，产业链较长，且大部分情况下采用钱货两讫的传统交易方式，使得农产品流通过程中，部分交易行为信息容易丢失，造成产业链信息数据不完整，削弱了数据流通的价值，影响了市场对农产品价格的准确判断。

此外，农产品流通是一个非常复杂的过程，大致要经历采购、加工、仓储、物流四个环节，涉及产地批发商、加工厂、仓储服务商、承运商、分销商、零售商等的多方协作，使得整个产业链呈"中间大两端小"的特性。因此，流通过程繁复、流通时间漫长、流通效率低下，成为制约农业发展的一大难题。

大多农产品都存在一季生产、全年销售的市场现实，这使得农产品的现金流呈现出季节性。如何帮助企业构建起完整而健康的供应链金融体系是特别重要和现实的问题。

中农网扎根细分产业，围绕交易、物流、金融、技术四大维度，为客户提供核心价值服务，从而分享服务利润。

（1）多元化交易：面向大型加工厂或贸易商，搭建白糖、茧丝绸、苹果、板材等多个品类的大宗综合交易服务平台——中农小易，为产业上下游的所有参与者提供贴近需求的交易场景，包括专业及时的行情资讯、精准的仓储物流匹配、定制化供应链金融等综合服务，减少无效中间环节，让交易更便利和高效（见图11-7）。面向上游农户或合作社，搭建农产品大宗交易 SaaS（Software as a Service）平台，通过与产业基金结合的方式，为企业和农户提供闭环结算、批次管理和基础农业服务，让产成品、仓库和销售平台对接，不断地向下游延伸，并纳入到溯源体系中。面向下游中小型商户，例如包子店、甜品奶茶店、餐饮店等，打造"好伙计"标准食材智能化采配平台，帮助餐饮用户持续优化食材结构，节约采购成本。"好伙计"成立两年来，年销售额已突破 10 亿元，拥有近 7 万平台客户。

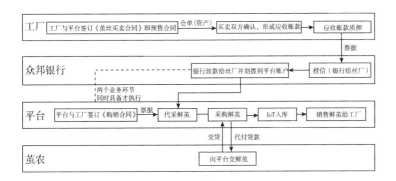

图 11-7 中农网在茧丝绸领域的业务架构

（2）物流可视化：中农网依托旗下各电商平台，搭建开放性的大宗商品第四方物流科技服务平台，为贸易商货主、物流供应商提供运输资源匹配、运输路线优选、物流资金结算、成本结构优化、多式联运、系统支持等一站式解决方案。在全国设立近400家仓储合作网点，引入智能仓储物流系统，对在库货物、仓配、通路梳理等进行全程可视化管理，集农产品陆运、海运、内河航运、冷链物流多种方式于一体，进一步提升仓储物流标准化服务能力，实现产业链上下游企业数据链一体化透明管理，不仅缩短了产品流通周期，还降低了传统交易方式下的交易成本。

（3）资产数据化：统筹 ERP 系统、物流管理系统及自主研发的 B2B 电商平台系统，将上下游企业、订单、商品等所有场景的信息进行数据化处理，建立大数据中心，为业务分析、决策提供支撑，通过技术和数据手段更集约地匹配采购交易、选择最优物流方案，进一步降低流通成本。

（4）金融产品化：搭建金融服务平台，链接银行、商业保理、保险等合作机构，协同第三方交易平台和物流，打通各参与方的信息流，从全产业链角度设计产品线，为产业链核心企业定制方便快捷、期限灵活、安全可控的供应链金融产品。

大宗农产品交易属于大宗大额交易，每个环节都需要大量货源，每次供货后都需要至少几个月的时间才能回款，因此整个产业生态处于流动资金短缺状态，整个环节的企业是供应链上真正有融资需求，但又难以获得授信的企业群体，这严重制约着供应链效率的提升。

（1）面向上游 B 端客户。中农网从全产业链的角度出发，针对性地设计金融产品，通过方便快捷、期限灵活、安全可控、多样化的金融服务改善整个产业链的流通环境，比如基于货物作为保障提供预付款融资、代采服务，基于核心企业的优质应收账资产提供反向保理服务，基于进出口项下的贸易融资，基于真实交易场景的平台线上融资，基于产业源头的涉农闭环产业链金融等。这些金融服务一方面帮助客户提高定价锁价能力、销售和采购的计划性、交货提货效率等，更自由地把握市场机会；另一方面有效降低客户的流动资金压力。

例如，中农网经营的大宗品类基本存在季产年销的特性，为了缓解卖方客户的资金压力，打造了"卖方预售"金融产品线。中农网以预付货款的形式先行锁定货源，而最终货物的定价权在卖方客户手里，卖方客户可在未来一定时间内在中农网交易平台上进行自主定价。这种供应链产品有助于卖方顺价销售以及提前回笼资金，更重要的是，中农网在取得货物后，可立即将其分散调配到买方客户最需要的地方，更好地满足买方的即时需求，带动整个产业链良性运作。

（2）面向下游中小型商户。下游传统中小型商户在进行货物采购期间，由于现金流的限制，导致商品市场价格处于低位时，无充足资金进行囤货储备周转，而其下家客户回款周期较长，且面临贷款门槛高等一系列困境，导致其不得不采用多频、少买的方式进行应对，长此以往限制了企业的发展。

针对此类问题，中农网旗下"好伙计"依据用户在平台内的交易习惯、订单金额、采配喜好等推出了金融产品——小伙花，以满足小微企业和个体工商户日常经营采购融资需求。

中农网供应链金融风险管控的特点是非标准化。在整个分包、分拣过程中，为了保证客户在收货时的成功率，需要平台消除很多的不确定因素。即使是相对有标准的，在客户的不同需求场景下也会有不同的个性化偏好，这就要求 B2B 平台有强大的资源配置能力。中农网为产业链各端开展供应链金融，选择的是以货物作为第一的控制模式，完全不同于企业与银行或者个人与银行之间基于资产或者信用的传统借贷模型，这需要平台算得清、管得住、卖得掉。

一直以来，中农网在开展业务的过程中都非常重视控制和管理风险。中农网建立了完整的信用评估体系和风控体系，并引入智能仓储物流系统，配套 RFID 溯源、人脸识别、电子围栏等工具，对在库货物、仓配、通路梳理等进行全程可视化、智能化、信息化管理，并通过区块链手段链接交易、融资、仓储、物流等环节，打造包括客户、仓库、承运商、金融机构等在内的多方参与实现去信任化产业链服务模式（见图 11-8）。同时，利用区块链手段为仓单金融化、应收账款保理等供应链金融产品提供信用背书，配合仓储物流的 RFID 真实技术手段也使风险更加可控。中农网稳健的经营风格和风险管控能力也得到了众多外部合作机构的认可。

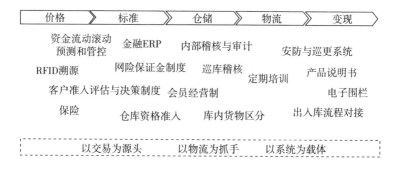

图 11-8 中农网的供应链金融业务总体流程

上海钢银：钢铁采购平台上的金融服务姿势

上海钢银电子商务股份有限公司（以下简称"钢银"）成立于 2008 年，是由国内上市公司上海钢联集团投资控股的、国内领先的 B2B 大型钢材现货交易平台，注册资金 6.4 亿元，于 2015 年 12 月在新三板挂牌。目前，钢银供应链金融的业务主要围绕钢厂代订货、现货质押融资业务展开。2011 年 10 月到 2013 年 12 月，由于钢银电商风控措施及时到位，经营业务实现了零风险，业务规模持续增长；2011 年、2012 年、2013 年，主营业务收入分别达到 1.5 亿、7.5 亿和 13.7 亿。截至 2015 年 12 月，钢银平台交易用户数超过了 58 000 家，日寄售成交量突破了 8.15 万吨。拥有 4 大区域管理，12 个交易中心，30 家驻外办事处，员工达 1 000 余人。业务范围涉及钢铁行业现货贸易、市场营销、B2B 电子商务平台运营、互联网技术研究开发等。

"交易免费、服务收费"是钢银电商体系的主要商业模式。钢银电商的现阶段战略理念为"平台＋服务"模式，以钢铁现货零售为核心，利用 IT 技术的集合处理能力，创新推出线上交易平台，形成数据信息服务、在线交易服务、支付结算服务、仓储物流服务、供应链金融服务的供应链闭环生态圈，打造集现货交易、在线融资、支付结算、仓储物流等配套服务于一体的"无缝交易平台"（见图 11 - 9）。

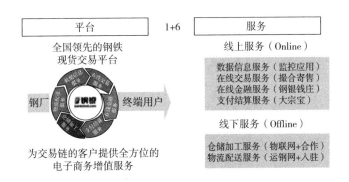

图 11 - 9　上海钢银的大宗商品生态闭环架构

钢铁等大宗商品的融资困境一直是行业痛点，随着钢银电商以及相关物流平台的成熟，在充分考虑当下钢铁行业内中小企业资金需求的情况下，钢银电商将供应链金融功能嵌入钢银交易平台，核心是结合钢铁现货电商平台的信息整合能力和数字化风控能力，按照"四流合一"的原则，通过对传统贸易中的融资进行规范，形成标准化的互联网供应链金融产品——钢银钱庄。目前，钢银钱庄已上线"帮你采"、"随你押"、"任你花"以及"订单融"四款供应链融资业务。以前两种为例：

"帮你采"旨在打通钢厂与客户因资金问题而产生的交易短板，为客户解决因资金不足而无法定向采购的难题。"帮你采"提供完善的代采服务，并且采购品种多样化、合作钢厂广泛，在切实保障客户利益的同时重新构建行业诚信体系，缓解钢贸业引发信贷危机；同时，削减钢厂库存积压，在给予客户有效资金信用背书的同时，更使得钢厂、钢贸商、终端次终端之间形成有机接洽（见图11-10）。

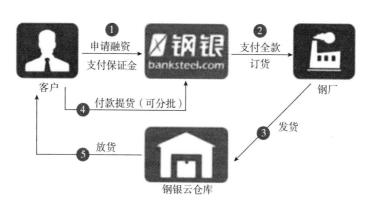

图 11-10 上海钢银的"帮你采"业务流程

"随你押"是针对钢贸企业在货物充足条件下仍然缺少资金

周转的状况，制定合理的应对策略。客户以其足够资源向平台申请抵押来获取充足资金，从而保证下一笔交易的顺利进行，这不仅是对传统钢贸行业的一个突破，也是带动"融资＋寄售"的一个重要来源渠道（见图 11－11）。

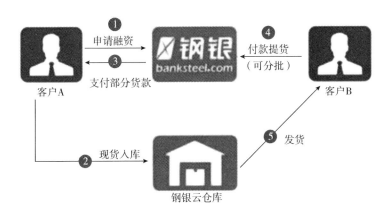

图 11－11　上海钢银的"随你押"业务流程

在供应链融资活动中，钢银平台的数据价值还体现在为金融机构提供风险把控，帮助钢贸企业与金融机构之间重建互信。用户在钢银平台的交易过程中产生的各类动态数据将被原样存档，形成的关系链将被记录，从上下游获得的信用评估将被收集，钢银在对这些信息进行统筹分析之后，可在最大程度上帮助金融机构把控投资、放贷风险。主要有如下几个方面：

（1）客户的选择更加容易、精准。金融机构在做质押贷款或托盘等业务中，客户的寻找、筛选是第一要件。钢银平台上存在庞大的交易用户，且筛选条件更加明晰，可以给金融机构提供更多的标准化筛选，可以更方便地对优质客户进行征信。

（2）资信评判准确度更高。由于钢银平台用户的交易行为会产生一系列指标数据，对于金融机构而言，可以进行大数据分析，在做客户尽职调查之前便已掌握了丰富的客户资料。这些客户资料需要长期的积累，对于金融机构判断信息真伪、预测风险变量、创新评级授信模型有着极大帮助。

（3）平台担保，风险分担。钢银平台构建了闭环的"生态链"交易环境，对仓储物流、资金等要素进行一体化管控，所以平台本身有足够能力参与风险共担，节省了金融机构大量的风险控制投入。

（4）通过行业判断，提前控制环境风险。钢银平台每天会产生大量的交易行为数据，对这些数据加以汇总、分析和研究，对外以钢材品类（螺纹、热卷、中板、冷板）为区分，制作出一周价格指数供客户参考，降低客户采购的盲目性，同时对行业风险提前做出评估和预警。

（5）多元化渠道，提高交易效率。钢银平台的本质是帮助用户更好地进行交易，假如出现违约行为，钢银平台也可以帮助金融机构快速地进行交易客户转移；同时，将与宝钢合作，推出动产质押登记系统，使质押登记信息更加公开、透明，从而为金融机构规避重复质押、控制实物库存风险提供保障。

整合型电商平台的供应链金融案例

阿里巴巴：全产业链金融服务的快乐青年

阿里巴巴，诞生于 1999 年，最初是由马云在杭州一手创办的 B2B 在线交易平台。目前，阿里巴巴是中国第一大、世界第二大互联网公司，集团总部设在香港，中国内地总部设在杭州，在北京、上海、浙江、山东、江苏、福建、广东等地设立分公司及办事处，并在美国硅谷、伦敦等地设立分支机构。阿里巴巴的电商业务几乎涵盖了供应链交易的每个环节，包括阿里巴巴国际交易市场、1688 网站、淘宝网、支付宝、阿里妈妈、天猫、全球速卖通、阿里云、菜鸟网络、蚂蚁金服等（见表 11 - 1）。

表 11 - 1　　　　阿里巴巴主要业务板块构成

业务板块	创建年份	主营业务
Alibaba.com Global trade starts here.	1999	集团最先创立的业务，目前是全球领先的批发贸易平台。平台上的买家一般是从事进出口业务的国际代理商、批发商、零售商及中小企业。该平台为用户提供通关、退税、贸易融资和物流等进出口供应链服务。
1688	1999	领先的在线批发采购平台，涵盖了服装、电子产品、原材料、工业零部件、农产品、化工产品等多个行业的用户交易。

续前表

业务板块	创建年份	主营业务
淘宝网 Taobao.com	2003	多元化、方便快捷的消费终端的电商平台，通过大数据分析为消费者提供既有参与感又具个性化的购物体验，商家主要是个体和小微企业。
支付宝	2004	面向国内的电商市场，提供基于中介的安全交易服务。
阿里妈妈	2007	为阿里集团旗下交易平台上的卖家，提供 PC 端和移动端的广告投放和营销服务的技术服务平台。
天猫 TMALL.COM	2008	为消费者提供优质消费品的选购和体验，多个国内外的品牌及零售商在天猫上开设店铺。
Ali Xpress	2008	面对全球消费者设立的零售电商平台，世界各地的消费者都可以通过这个平台，直接以批发价从中国购买不同的产品。
阿里云 aliyun.com	2009	开发具有高度可扩展性的云计算与数据管理平台。
CAINIAO 菜鸟	2013	阿里旗下销售的物流数据平台，运用物流合作伙伴的产能，致力于满足中国电商领域在物流方面的需求
蚂蚁金服 ANT FINANCIAL	2014	在支付宝的基础上创建起来，为集团旗下平台上的小微企业和个人消费者提供普惠金融服务，主要业务包括支付宝、余额宝、招财宝、蚂蚁聚宝、网商银行、蚂蚁花呗、芝麻信用等板块。

阿里的这些业务板块，并非各自独立的多元化经营，相互之间有很强的协同效应，是一个围绕着电子商务打造的产业链网络，阿里可以通过这些相互协同的业务构建一个电子商务生态。因此，阿里可以通过它多个平台上的海量数据，对平台上面的企业和个人进行信用评估，根据评估结果提供金融服务。

总体来说，这种金融服务主要有两类：

一类是用自有资金贷款，这类贷款门槛低、额度小、操作灵活。比如淘宝小贷是淘宝卖家凭借"卖家已发货"的订单就可以向阿里申请，也就是卖家发货了，阿里先替买家垫付货款，买家付的钱先放在支付宝上，等买家确认收货了，这个钱就归阿里了。还有一种是阿里小贷，跟淘宝小贷差不多，区别是前者 2B，后者 2C。这种贷款可以完全无担保、无抵押，凭借的是在交易平台上长期的交易数据形成的信用，是一种纯粹的信用贷款。

另一类是用银行的资金贷款，这类贷款门槛高、额度大，需要企业的年销售额在 500 万元以上，经营时间在 2 年以上，对企业所在的地域也有限制，但是这类贷款同样不用抵押担保，而且可以随借随还，节省不必要的利息支出（见图 11 - 12）。

正是因为阿里的业务几乎涵盖电子商务的每个角落，所以它的融资风控可以分别在贷前、贷中和贷后三个阶段进行。贷前阶段是根据用户在平台上的各种数据，预测用户的还款能力；贷中阶段是通过支付宝和阿里云，对卖家的交易状况和现金流进行实时监控；贷后阶段是通过监控和账号关停，提高赖账不还卖家的违约成本，形成一种履约的监督机制。

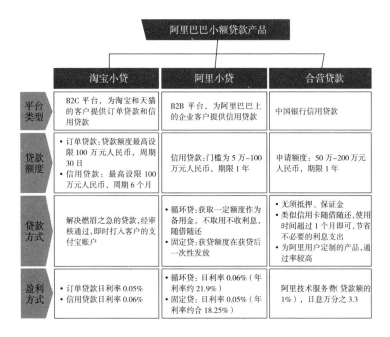

图 11‑12　阿里巴巴的小额贷款产品结构

阿里近几年在蚂蚁金服的基础上，已经推出了多种多样的融资服务模式，这些融资服务在提高自身收益的同时，使整条供应链得到优化，促进了 B2B 和 B2C 电商的发展。在电商领域，金融服务的概念经常被混淆。从交易的本质来看，可以叫作供应链金融；从交易的背景来看，又可以叫作互联网金融。不管黑猫白猫，抓住老鼠就是好猫。信息技术带来了商业革命，改变了供应链上下游交易的模式，所以，基于互联网开展的供应链金融，绝对会是今后发展的趋势。

第12章　金融机构的供应链金融

在供应链金融的业务流程中，金融机构通常扮演流动性提供方，负责通过向企业提供资金，帮助上下游交易顺利进行，并以此获利。如果缺少资金来源，供应链金融的业务流程设计得再完美都没什么用，因此金融机构的重要程度怎么强调都不为过。一般情况下，独立的金融机构（如商业银行）并不参与供应链的实际运营，这类金融机构若要为供应链交易中的企业提供融资服务，需要寻求焦点企业的协同，也就是早期的"M＋1＋N"模式。在我国，企业若要获得借贷融资，首选往往是商业银行，因为商业银行可以提供普遍最低的融资成本，并且业务范围更为全面。

主营业务与贸易融资：N 种组合，千变万化

一般来说，商业银行的主营业务有三大类：负债业务、资产业务和中间业务。负债业务包括存款业务（如活期存款、定期存款等）和非存款业务（如同业拆借、向央行借款、发行金融债券等），

这是银行资金的主要来源；资产业务是银行怎么运用吸纳的资金盈利，这里包括证券投资、贷款、货币买卖等；中间业务是银行一般不用牵扯自己的资金，提供的是一种专业性金融服务，比如支付结算、代理、担保、信用卡消费等（见图 12-1）。

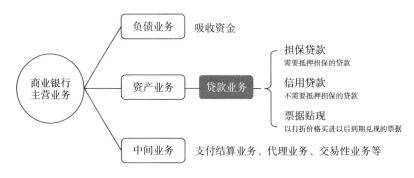

图 12-1　商业银行主营业务结构

在供应链金融的场景中，商业银行一般是扮演掏钱的角色，所以主要涉及后两种业务（资产业务和中间业务）。这两种业务各自包括很多种细分业务，这些细分业务就像音符一样，有 N 多种排列组合，能根据具体的客户需求和交易情境千变万化。这些组合的重中之重，就是资产业务中的贷款。贷款主要分为担保贷款、信用贷款和票据贴现三种形式：担保贷款是需要抵押物做担保的贷款；信用贷款是不需要抵押担保的贷款，刷脸就可以；票据贴现是以打折价格买进别人未来到期兑现的票据。

对商业银行而言，供应链金融的业务模式起源于贸易融资。由于供应链金融继承了很多贸易金融的基因，所以两者在业务形式上有很多共性。比如，贸易融资同样强调淡化财务分析和准入资质的作用，主张通过对资金流和物流的有效掌控来降低融资风险，尤其强调票据要真实、收入要能自偿。基于此，由银行主导的贸易融资主要包括以下几种融资形式：

（1）信用证项下融资：信用证的功能类似进出口贸易中的支付宝，信用证项下融资的具体业务环节可以有很多种姿势，但这些业务有个共同的逻辑，就是在进出口货物交易的周期内先帮进口商把货款垫上，以及先把货款付给出口商。

（2）托收项下融资：托收是指出口商向银行提交收款凭证的单据，请求银行通过其服务网络，在进口商那边代替收取货款。这一收一付之间存在复杂的手续流程，需要耗费一定的周期。托收项下融资，就是银行先把将要兑现的款项付给出口商，然后从进口商支付的货款那里补偿。

（3）汇款结算项下融资：汇款结算是银行接受进口商的委托，通过自身的服务网络向出口商支付货款。国际贸易最常见的结算方式是买方货到付款，当货物到港但进口商没钱支付货款的时候，就可以向银行申请汇款结算项下融资，请代为支付货款。

（4）国际保理：国际保理就是出口商在发货后将预期的应收货款转让给银行或其他保理商，以求快速收回货款，即保理商通过收购债权的方式对出口商提供融资。

（5）福费廷：又叫票据买断，是指银行或其他金融机构从出口商那里买进由进口商所在地银行担保的远期汇票（或本票），是对出口商的一种融资行为。

（6）出口信用保险融资：这种融资形式前文有过详细介绍，

是出口商在中国出口信用保险公司对出口的货物、服务、技术等出口物投保，并将赔款权益转让给银行后，银行向出口商提供融资。

（7）结构性贸易融资：这是一种综合性的融资方式，包含了各种融资方式及辅助工具，针对贸易的具体情况进行融资方案的设计和组合。因此，结构性贸易融资具有很大的灵活性，对于非常规、非标准、高风险、流程复杂的贸易业务具有很高的应用价值。

金融机构的业务创新：伸得长、看得宽、做得透

现代国际产业分工，使企业间的交易和协作不再局限于某个国家或地域之内，企业的地理分布也突破了行政区划的限制。在这个背景下，金融机构的供应链金融创新可以从三方面来考虑，一是业务范围的国际化；二是业务流程的整合化；三是客户服务的定制化。简单地说，就是"伸得长""看得宽""做得透"。

先说"伸得长"——业务范围的国际化。当前，企业组织的地理分布愈加分散，但相互间的联系却愈加紧密，这便产生了跨国金融服务的需求。比如，国际信用证的意义就在于解决了国际贸易中的信任问题，进口商先把货款转给所在地银行（开证行），进口商所在地银行（开证行）向出口商所在地银行（议付行）为进口商开立信用证，出口商发完货去所在地银行（议付行）收取货款。随着国际贸易规模越来越大，国际信用证项下融资的市场

需求逐渐扩大，这需要银行有能力在多个国家和地域之间提供金融服务。如果银行有能力开展国际化金融业务，客户还会因国际业务对某家银行的服务产生信赖，从而有可能将国内业务也一并委托给这家银行。如此一来，国际业务带动国内业务，进一步拓展了业务范围。

再说"看得宽"——业务流程的整合化。由于银行属于供应链网络中的编外人员，从上游一环套一环的生产，到下游一层接一层的销售，如果只是单纯交易，便跟银行无关；但如果企业在交易中出现了资金缺口，便是银行的市场空间了。传统融资中，银行要考察企业的财务报表、资产规模、经营规模这些硬信息，中小企业往往不具备这些条件。银行若要判断中小企业的盈利前景，就需要把自己的业务融进供应链上下游的交易流程里。银行如果有 N 多个中小企业客户，则每个客户所处的产业环境和供应链运营模式，银行都要了解，就算是编外人员，也要至少混成个临时工。只有充分了解不同行业的运营套路，银行才能够因地制宜地对不同领域中小企业的发展前景和盈利预期做出判断。

然后是"做得透"——客户服务的定制化。现在供应链之间的交易形式纷繁多样，银行基础性服务的三板斧已经不能满足市场需求的七十二变，个性化、组合化的融资服务需求在呐喊，银行要能根据客户的具体交易情境，充分了解客户的服务需求，提供量体裁衣式的定制化金融服务。况且，这种定制化服务对银行而言，也具有更高的附加价值。银行可以联合其他金融机构（如保险公司、保理公司、证券交易所等），像老中医抓药一样，将借贷、证券、保险等不同的金融产品根据不同客户的服务需求排列组合，打包销售，提供对症下药式的金融服务。

银行从"伸得长、看得宽、做得透"三个角度考虑业务创新，使其也是创新本身这件事的三个维度（见图12-2）。简单地说，"伸得长"可以理解成多分支机构、多国业务的整合；"看得宽"是多类别业务的组合；"做得透"是为更多的客户提供金融服务。

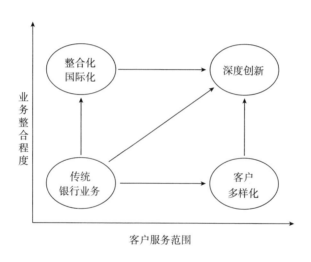

图12-2 商业银行的创新思路

金融机构的供应链金融业务：开疆拓土与精耕细作

根据以上这三种创新思路，我们可以将商业银行的供应链金融业务模式分成两大维度：开疆拓土——空间上的跨境扩张；精耕细作——业务上的产业渗透。这两大维度衍生出三种供应链金融业务模式：跨国供应链金融、信息供应链金融，以及整合供应链金融（见图 12 - 3）。

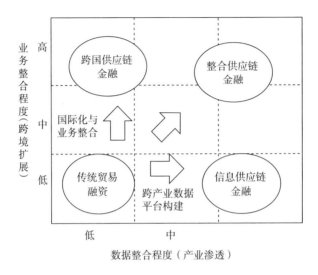

图 12 - 3　商业银行的供应链金融业务类型

跨国供应链金融，就是银行通过自身在其他国家的分支机构，为国际贸易提供跨国的金融服务。由于需要涉及不同的政治体制、法律法规、贸易流程这些现实问题，所以开展跨国供应链金融的银行，在硬件上需要很大的资产规模，在软件上需要办理跨国业务的丰富经验。银行的跨国供应链金融业务也不仅是向企业提供流动资金，还要代理企业处理外国的单证，以及提供营运咨询服务。因此，能够开展跨国供应链金融业务的，通常都是具有丰厚历史积淀和国际化背景的大型商业银行。

跟跨国供应链金融的横向业务扩张相比，信息供应链金融可以理解成是纵向业务深化。金融机构利用互联网和信息技术，进行实时的数据交换，时刻掌握供应链的真实交易情况。绝大多数金融机构（包括商业银行）本是游离于供应链网络之外的存在，若要开展供应链金融业务，不仅要把身体和灵魂融进供应链协作体系里面，还要掌握一定的话语权。这是不太容易的，首先需要将自己设置成一个利益相关者，先找到存在感；然后开发连接供应链运营体系的信息接口，通过这个接口，把自己从局外人混成局内人。这要求银行非常了解目标供应链的运营业务，不然即使跟着大家玩也插不上话。

整合供应链金融业务是前两者业务模式的立体呈现，既能在横向上开展国际性业务，又能在纵向上开展信息型业务；既了解各国环境下的业务流程，又能把业务模式嵌入到供应链上下游的真实交易中。一般情况下，这种整合供应链金融是在跨国供应链金融的基础上，进一步打通上下游交易的数据瓶颈实现的。这些数据不仅是交易双方的内部数据，还包括交易流程中的商贸、物流、仓储、海关等环节的数据。如果银行有能力获取和分析这些数据，便相当于在该笔交易中开启了上帝视角，实现了对交易中资金流、物流和商流的全面把控。这时银行便超出了原有的业务层面，从一个金融机构蜕变成一个以融资为中心，为客户提供全面商业服务的综合平台，并在融资中同时充当流动性提供方、平台提供方和风险管理方，这也是很多国际性大型商业银行的发展方向。

在服务模式方面，跨国供应链金融主要是为客户提供跨国的金融服务，并不过多地涉及交易本身的商务信息；信息供应链金融主要是通过不同产业间的数据，了解产业供应链的运营规律，通过提供金融服务向产业中渗透，为更多的企业提供融资服务；整合供应链金融兼具两者的长处，既能提供广泛的跨国业务，也能充分把控交易过程中的信息，提供更加深层次的融资方案。

在风控机制方面，跨国供应链金融主要是通过确保应收、存货的相关票据的真实性来控制风险，风控机制本身比较传统；信息供应链金融主要是把控客户的运营数据，根据真实交易背景控制风险；整合供应链就是在跨国业务的范围内，深度把控客户的运营数据，这种把控的范围要大得多，业务难度也是两者的指数级增长。

在能力要求方面，跨国供应链金融要求银行一方面能够克服内部部门之间的隔阂；另一方面要能够克服外部国家体制之间的差异。信息供应链金融要求银行有更加完善的信息系统，起码要能跟客户的信息系统对接，能够实时进行数据交换。整合供应链金融则不仅要具备国际化能力，还要具备多领域多业务的整合能力和数据的综合分析能力，银企之间深度合作，以信息化和国际化为保障，迎合客户的具体需求提出融资方案，这种境界不是一朝一夕就能达到的。

> **小结**
>
> 　　商业银行供应链金融业务最初起源于贸易融资，是在托收、汇款等基础业务之上，通过资金的融通和拆兑，填补贸易中的交易双方的资金缺口。商业银行的供应链金融

创新可以从业务范围的国际化、业务流程的整合化、客户服务的定制化这三方面来考虑。根据以上这三个创新思路，商业银行等金融机构的供应链金融业务分成两大维度：空间上的跨境扩张和业务上的产业渗透，从而衍生出三种供应链金融业务模式：跨国供应链金融、信息供应链金融和整合供应链金融。其中，跨国供应链金融是业务在地理上的横向扩张；信息供应链金融是业务在产业中的纵向渗透；整合供应链金融结合了前两者的特征，在开展国际性业务的同时，把业务模式嵌入到供应链上下游的真实交易中。

跨国供应链金融服务案例

花旗银行：家大业大，技能碾压

花旗银行（Citibank）是花旗集团旗下的一家零售银行，总部在美国纽约，前身是创立于 1812 年的纽约城市银行（City Bank of New York）。经过两个多世纪的发展和并购，如今在全世界将近 150 个国家和地区设有分支机构，在资产规模、连锁机构、业务门类、收入盈利等方面，都是世界范围内首屈一指的国际化金融服务集团。目前，花旗银行为全世界的 2 亿多客户服务，客户群体涵盖方方面面，上到国家政府、商业巨贾，下到普通市民、三教九流；业务范围不但包括基本的信贷、投资，还有经纪、保险、资产管理等。悠久的经营历史、庞大的企业规模、齐全的业务范围，以及丰富多样的客户群体，都为花旗银行开展国际化供应链金融业务打下了坚实的基础。

花旗银行通过对全球市场的观察以及对客户需求的追踪发现，全球经济的持续萎缩导致花旗的客户与其上游供应商面临的最大问题，是应收账款时间过长导致了供应商的营运资金被大量占用，供应商无法持续性盈利，从而难以保持稳定的半成品供应。所以，花旗银行就专门开辟了一个"供应商融资系统"，帮助供应商缓解资金压力。

该融资系统的模式是：当供应商企业形成了向下游客户的应收账款之后，下游客户向花旗银行的融资系统提交系统认可的发票。然后，供应商审核并确认花旗银行得到的发票（主要是核对日期和金额）。当各方都确认无误之后，花旗银行就可买进供应商的应收账款，向供应商提供融资。最后，等应收账款到期了，下游客户向花旗银行支付全额货款（见图 12 - 4）。

这种融资形式本质上与保理类似，但这种保理的业务流程是要在跨国交易之间开展。首先，花旗银行在处理不同国家间复杂的票据方面，具有高超的专业技能和丰富的实践经验；其次，花旗银行在全世界 100 多个国家设有办事机构，能够处理国际贸易的多币种一站式服务；再次，花旗银行还能根据客户与供应商之间的交易状况，并结合客户当地的市场情况，为不同的供应商建立应收账款池，从而最大限度地提高资金的融通效率。就供应商而言，相比其他的保理业务，花旗银行的供应商融资系统能够缩短供应商收到发票的时间，并且可以自由选择想要贴现的应收账款。

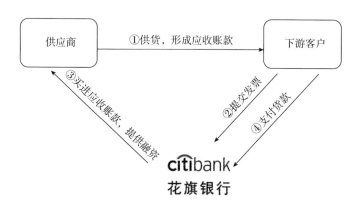

图 12-4　花旗银行的跨国供应链融资流程

花旗银行跨国供应链金融的业务特点，就是关注供应链中的整个交易过程，利用自身庞大的全球业务网络，为客户的出口和进口提供一站式的国际化金融服务。银行开展的贸易融资本质上是一种交易性供应链金融业务，所以不应该只是关注客户在贸易中某一两个环节的需求，还应该关注客户在整个贸易周期中的需求，这个贸易周期是从买卖双方签订合同开始，到最后该收钱的收到钱、该收货的收到货为止。虽然花旗银行看似只是提供一种商业保理，但在国际贸易中开展保理，乃至保理池的业务，需要具备很多国际化的专业技能。

汇丰银行：从东方之珠走向全球的贸易融资

汇丰银行最早是由一个苏格兰人于 1864 年在香港发起的，最初的发起人包括宝顺洋行、琼记洋行、大英轮船、太平洋行、顺章洋行等十家机构，于 1865 年 3 月在香港正式创立，同年 5 月在上海成立汇丰银行的分行。在随后 100 多年的时间里，汇丰银行一直是主要面向香港和中国内地的一个区域型银行，并在欧洲、北美等地设立一些零零散散的分支机构。20 世纪 80 年代后，汇丰银行抓住了金融自由化、欧洲经济一体化和英国银行凋敝的有利时机，将总部迁到了伦敦，随后又通过一系列大张旗鼓地招兵买马、兼并收购，逐渐崛起成为全球性的大型商业银行。目前，汇丰银行在全世界 85 个国家和地区设立了将近 1 万家分支机构，业务范围涵盖了个人金融、企业银行、资本投资等多个领域。

汇丰银行在早期是少有的开展贸易融资业务的银行之一，在贸易融资领域具有丰富的实践经验。在总部迁往伦敦之前的 19 世纪 60 年代到 20 世纪 80 年代，汇丰银行在香港亲眼见证了我国从清末打开国门到新中国改革开放的整部中国近现代史。在那段动荡的岁月里，汇丰银行的贸易金融业务主要是向跟中国相关的进出口商提供资金融通，包括汇票、信贷、货币的结算和兑换，以及华侨汇款等业务。当时汇丰银行还利用银行的信用中介职能，把中外贸易、贸易结算和资金融通三者结合起来，完成了中外之间的债权债务清偿，以及货币的转移。也就是说，汇丰银行利用自身的信用优势和专业技能，在当时的中外贸易中，帮华人或洋人代收货款、资金拆兑、兑换币种等，尽一切可能为贸易双方提供资金上的便利。这种准一站式的服务模式，在当时可以说是非常先进了。

当汇丰走向国际化之后主要是面向西方发达国家的企业，发现国际贸易环境正在发生深刻变化。因为西方大型企业更倾向于从别国直接进口采购，而且随着进口贸易越来越频繁，供应链上下游的关系也越来越紧密；同时，西方企业往往是议价能力强势的一方，所以赊销越来越普遍；再有，这些大企业很多都是上市公司，所以希望优化资金的财务报表，把不挣钱的、占用资源的非核心业务外包，提升运营效率和资金周转率。面对这些新需求，汇丰银行便因地制宜地开展了自己的跨国供应链金融业务。

比如从事汽车配件生产的 A 企业为了降低成本，打算从亚洲采购原材料，但 A 企业对亚洲的行情不了解，缺乏采购的渠道和经验，也不了解当地的政策法规。A 企业的采购量很大，在亚洲寻找了多家供应商之后，各种贸易单证处理起来非常麻烦。汇丰银行为 A 企业设计的方案中融入了单证处理服务和应收账款贴现。

首先，A 企业跟亚洲供应商签订交易合同，然后就近向汇丰银行提交电子合同。这时供应商向 A 企业发货，然后向其所在地的汇丰银行提交发货的相关文件。供应商所在地的汇丰把交易的相关文件备案之后，向 A 企业所在地的汇丰银行移交相关文件，A 企业所在地的汇丰在核验这些文件并确认无误后，与 A 企业在线审阅这些文件，并接受 A 企业提供的应付货款的发票。等这些都完成了，A企业所在地的汇丰向供应商所在地的汇丰提供贴现款项，并向供应商支付贴现货款。最后，等货款到期了，A 企业向其所在地的汇丰支付全额货款（见图 12-5）。

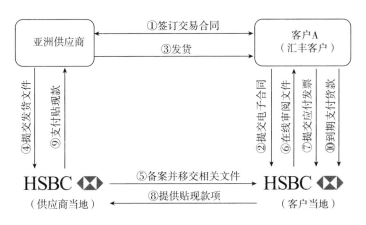

图 12-5　汇丰银行的跨国供应链融资流程（1）

再比如一家总部设在美国的生产无线产品的 B 企业，希望延长应付账款的账期，目的是避免占用自己的运营资金，同时优化自己的财务报表。但是 B 企业的供应商缺乏其他资金来源，再延长账期就要关门大吉了。汇丰银行这时候根据 B 企业的信用，为供应商提供了应收账款贴现服务。

首先，B 企业和供应商签订交易合同，然后供应商向 B 企业发货，并且交付交易单证。接下来，供应商向汇丰提出融资申请，并提交相关票据，在汇丰跟 B 企业确认票据无误后，就可以向供应商提供贴现融资了。最后等应收账款到期了，B 企业向汇丰支付全额货款（见图 12 - 6）。

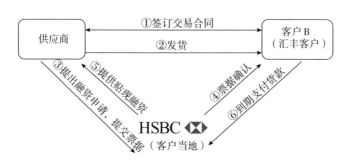

图 12 - 6　汇丰银行的跨国供应链融资流程（2）

汇丰银行的融资模式本身并不复杂，但难点在于国际化业务的流程操作上。其实，汇丰银行本身的业务模式倒在其次，更重要的是能在国际贸易中发掘不断变化的客户需求，根据客户需求确立业务目标，有条件要上，没有条件创造条件也要上！这种业务非大家大业的金融机构不能开展，也是我国很多商业银行的发展目标。

信息供应链金融服务案例

平安银行：在产业中辛勤耕耘，在服务中业务深化

平安银行总部在深圳，原名为深圳发展银行，后经过吸收合并更名为平安银行。平安银行当前业务网点遍布全国，并且充分发挥了我们农业大国"精耕细作"的优良传统，以信息科技手段把产业和金融捏在一起，打造出一个供应链金融综合服务平台

（见图 12 - 7）。这个平台就像一片富含电子化和网络化的沃土，平安银行在这上面辛勤耕耘，通过多个产融结合的模式，结出了信息供应链金融的果实。

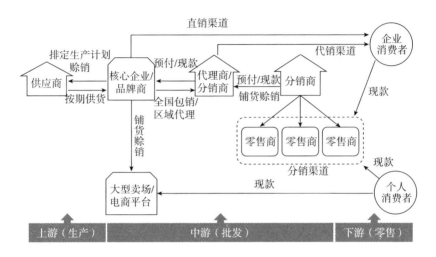

图 12 - 7　平安银行的供应链金融服务架构

总体来说，平安银行的信息供应链金融业务有五个优势特征：

（1）在系统方面，平安银行通过供应链中的核心企业，跟它的上下游企业，以及物流企业实现系统对接和数据交互，有核心企业的信用基础，融资中提交资料、审批等程序直接在线进行。

（2）在软件方面，平安银行跟金蝶、用友这些大的财务软件服务商合作，专门针对目标中小企业的实际需求开发管理软件，并且与它们的系统对接。

（3）在业务方面，平安银行开发了全链条服务模式，包括上游的订单融资、下游的预付款融资、库存现货融资、终端消费贷款等等，创新性的业务几乎贯穿了整条供应链。

（4）在效率方面，平安银行在线构筑了多个行业的"1＋N"供应链客户，"1"是以核心企业为中心，"N"是基于核心企业的上下游及周边企业，这些企业在平安的平台上可以相互对接和信息共享，甚至直接让它们在这个平台上直接交易，这样平安银行就掌握了真实交易的第一手数据，让企业的生产经营和银行的金融运作充分结合，大幅简化了融资程序。

（5）在战略方面，平安银行充分利用了电子供应链金融标准商品编码体系，不夸张地说，这相当于统一了物流语言。因为商品编码体系是识别商品信息用的，有时候各类编码互不兼容，统一了编码就克服了上下游间的商品信息不畅的问题，为供应链金融中的信息共享创造了基础条件。平安银行还跟大型的物流公司合作，促成电子供应链金融标准商品编码体系的广泛应用。

平安银行借助这五大优势特征，首先推出了"电商＋金融"的模式，以这种模式搭建免费的交易管理平台，向信息化程度并不是很高的中小企业提供从订单到仓储运输再到收付款的全交易流程管理服务。比如平安银行的橙e网就是这么个平台，它和其他多家信息技术企业联盟合作，为客户提供更加细致入微的产融管理服务（见图12-8）。

以橙e网上的"生意管家"业务模块为例，用户企业不管是制造型、服务型还是流通型，都可以利用"生意管家"的PC端和移动端在线管理进货、销售、库存等信息，也可以在线直接和上下游客户开展交易，包括在线发货、在线支付、在线融资，实现"订单、运单、收单"与金融服务的一体化。而且，用户企业在"生意管家"上得到的服务都是免费的，平安银行就是利用这个接口掌握供应链运营，为开展供应链金融业务提供条件。

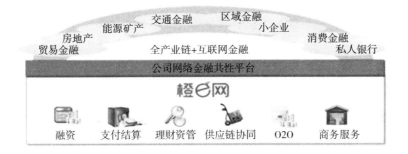

图 12‐8　平安银行橙 e 网的金融服务架构

橙 e 网的另一个业务模块"发货宝"，主要是帮助橙 e 网上的客户快速找到合适的物流伙伴。要发货的企业在"发货宝"上输入收发地址，就能查到不同物流企业的报价，客户可以挑一个认为最合适的翻牌子，填写相关资料，剩下的就是对订单进行追踪和签收了。如果客户想给货物投保，"发货宝"可以迅速为发货人生成保单。另外，"发货宝"还可以进一步为物流合作方提供一种叫作"物流＋金融"的服务，它还跟"运东西"平台开展合作，为平台上的物流企业提供货运贷款。"运东西"将物流公司的月结单信息推送给"发货宝"以协助审核，平台根据物流企业的发票信息进行贷款额度的评定。

总体来说，平安银行根据"M+1+N"模式，把业务覆盖到M上游的上游和N下游的下游，并且对焦点企业这个"1"的要求也不是很高。橙 e 网将供应链交易概括为"熟客交易"，因为产业链中的交易本就是常年的交易和协作关系，这是跟消费端交易最大的不同。橙 e 网一方面根据供应链中熟客交易的特点，利用交易双方长期形成的商业信用提供融资方案；另一方面通过互联网平台，为中小微企业提供现金的信息管理服务，掌握这些企业的交易数据，从而既注重熟客交易的软性约束，也注重数据获取的硬性监视，软硬兼施，双管齐下。

量子金福：依托汽车后市场的互联网供应链金融服务

量子金福是一家创新的"产业互联网＋供应链金融"的金融科技平台，通过大数据风控技术和互联网技术，将产业互联网平台各类中小企业的外部征信数据、内部业务数据转化为信用资产，基于真实的交易订单为产业链内的中小微企业沉淀信用数据；围绕产业链各环节打造可控的供应链交易场景，服务产业链内的各类中小微交易主体；不断迭代升级供应链金融产品（如订单贷、运单贷、仓单贷、票据贷等）；随着交易量提升，不断签订及引进多资金方和非银机构，逐步引入信托资金和 ABS，不断降低资金成本。

量子金福团队由行业内具有产业互联网＋供应链金融背景经验、深度理解供应链业务场景、创新的金融及支付产品设计、资深金融服务及运营、顶尖大数据建模及风控等专业人才构成。量子金福深刻理解垂直行业供应链，贴合产业互联网平台实际业务场景，构建创新的交易结构和大数据风控模型，并且借助 IT 技术实现产品互联网化，利用大数据风控技术进行数据挖掘及迭代风险建模，尝试区块链等新技术降低信用成本，同时将基于大数据和区块链技术等进一步完善风控模型，打造"线上＋线下"的风控联防体系，从而为产品创新、高效运营提供坚实保障。

目前，中国汽车后市场有 40 多万家汽修厂、30 多万家汽配经销商、10 多万家配件厂商。在传统线下模式中，行业交易均有账期结算的习惯，而多数汽配电商平台主要的支付方式为在线支付与货到付款，没有办法解决企业用户在线账期结算问题；另外，由于汽后行业在实际业务场景中的支付结算多为小额高频，而原来在线支付的企业网银支付效率太低，不能满足中小企业客户在线交易支付高效的需求；同时，作为平台上的买方希望在线账期能够有弹性，到期后可以付出一定的利息成本进行延期融资。因此，产业互联网平台客户希望利用创新的在线供应链金融方案解决支付、账期、融资等问题。

中驰车福与国内主流的 40 多家国有大行、股份制银行、城市商业银行进行过详细的方案探讨与可行性论证，银行由于存在属地管理原则及现场尽调、线下面签等要求，无法满足中驰车福平台分布全国、小额分散、征信缺乏的中小企业客户需求；同时，中驰车福与主流保理公司、在线支付公司均进行过需求探讨，无一能满足中驰车福平台各类客户的供应链金融的需求。直到量子金福设计了量子金贷产品上线运营，才真正满足了中驰车福平台客户的供应链金融需求。

量子金福依托于银行、第三方支付机构等支付结算及金融机构，结合企业支付结算及供应链金融场景，搭建了资金见证系统、在线供应链金融系统、在线智能风控系统，用于支撑产业互联网平台用户的融资理财、钱包、支付、清结算等业务，并尝试通过区块链技术提升数据可信度，达到不断积累、沉淀数据，最终形成自有数据征信平台。与蚂蚁金服业务生态对标，融资产品相当于企业端的蚂蚁花呗、借呗，理财产品类似于余额宝，账户体系、分账结算的功能等同于支付宝钱包，量子金福数据征信平台致力于成为企业端的芝麻信用。

（1）量子金贷：基于中驰车福平台零售商到维修终端的零售业务场景、备货商（授权代理商）到零售商的配件分销业务场景和品牌/生产厂商到备货商的厂商分销业务场景，通过金融科技手段为备货商、零售商、汽修厂等中小微企业提供创新、高效的金融服务。对卖方，通过系统帮助其在线账期管理及应收账款变现，实现应收账款提前回款；对买方，一站式满足中小企业端高效支付、在线账期、延期融资三大需求。

（2）仓单融资：基于中驰车福供应链业务场景，主要围绕世界500强品牌的机油、电瓶、轮胎等标准化、高周转、硬通货的快消品提供仓单金融服务，缓解配件厂商及分销商的资金压力。

（3）量子分期：基于中驰车福车主业务场景，围绕车主用车的全生命周期联合金融机构提供金融服务，满足车主新车、二手车、保险、维修保养的消费分期需求。

（4）量子钱包：依托于银行的账户体系，针对产业互联网平台企业的在线支付结算场景及在线供应链金融场景需求，通过与产业互联网平台系统的无缝对接，为产业链主体提供线上交易资金支付结算见证体系，并通过引入银行密令控件平台和账户验证机制，服务于平台管控好交易资金的使用安全，助力平台交易和结算的效率、安全、规范。

（5）驮付宝（企业支付结算）：依托银行的账户体系并适应企业应用而二次开发定制的一款智能收款及结算工具，解决原有配件物流行业货到付款、物流代收等场景下发货方、收货方、物流配送方等各方对账、挂账、结算、分账等痛点，在不改变原有交易模式的情况下，通过对接第三方支付通道及账户体系实现快速对账及收款。

此外，量子金福不断探索企业应用场景需求，产品体系分为支付结算、供应链金融、智能风控三大类，其中支付结算类创新产品或服务包括量子金账、量子保兑、量子快收等服务；供应链金融类创新产品包括揽收贷、签收贷、保佣贷等；智能风控类产品涵盖企业工商、司法、税务、信用征信等各类查询服务及企业信用分等综合评价类服务。

量子金福通过为产业互联网平台量身定制供应链金融产品，核心目标是帮助中驰车福不断优化整体平台交易效率，一方面，为产业互联网平台业务提效，通过引入多资金方放款满足买卖双方在平台交易场景下的"支付结算＋融资服务"需求；另一方面，面向汽后行业，通过不断丰富、完善、沉淀平台"配件数据、交易数据、物流数据、征信数据"，实现产业链上下游主体客户精准画像及修正、优化风控规则，为优质客户主动提升授信额度。充分利用互联网、大数据、区块链等新技术，通过数据连接资金和资产，对资金流、商流、物流和信息流进行有效整合，实现订单流、资金流、物流"三流"合一、闭环可视，真正做到基于产业数据控订单交易、控资金流、控货物流的产业风控。

随着互联网的发展以及对垂直产业的渗透，新的产业互联网＋供应链金融将以互动、协同、透明为理念，利用成熟互联网和IT技术构建平台，链接产业链各类主体，实现产业各环节信息实时透明与强连接。

产业互联网平台各主体间交易的核心需求是"支付结算＋融资服务"，量子金福为中驰车福（中国汽车后市场最大的汽配产业互联网平台）提供了一整套供应链金融解决方案，对平台卖方而言，核心价值是实现账期管理、应收变现、智能风控，即结合信用与交易数据运营风控，帮助卖方将交易数据转化为信用资产；对平台买方而言，核心价值是实现产业互联网平台采购的高效支付、在线账期、延期融资，解决平台采购的支付结算问题，又可延缓其经营的周期性、阶段性资金周转压力，解决产业链中小企业的融资需求。

整合供应链金融服务案例

摩根大通：以兼并收购占有，以业务整合提升

摩根大通集团（JP Morgan Chase & Co.）于 2000 年由大通曼哈顿银行和 JP 摩根公司在美国纽约合并而成，其前身大通曼哈顿银行的历史可追溯到 1799 年。目前，摩根大通是美国首屈一指的跨国金融服务机构，总资产 2.5 万亿美元，存款总额约占美国全国存款总额的 1/4，业务网络遍布 60 多个国家，分行有 6 000 多家，业务范围几乎涵盖了金融机构应该包含的方方面面，尤其注重投资银行、投资管理、私人银行、私募股权投资等方面的业务；全球拥有客户超过 1 亿，包括大量的企业、社会机构、政府、消费者。它发展整合供应链金融的路径，一句话概括就是：爱它不如占有它。

摩根大通的发展史可以看作是一部并购史，它的前身包括大通曼哈顿银行、JP 摩根、第一银行、贝尔斯登以及华盛顿共同基金；如果再往前追溯，摩根大通集团的前身还包括化学银行、第一芝加哥银行、底特律国民银行、得州商业银行等。这些前身当年每家都在各自的领域独树一帜，摩根大通特别擅长兼并收购，通过这种方式提升自己的综合能力，进而扩展自己的服务范围。正如张良长于运筹帷幄之中，决胜千里之外；萧何长于镇国家，抚百姓，给饷馈，不绝粮道；韩信长于连百万之众，战必胜，攻

必取。但三者皆能被刘邦用之，此刘邦所以取天下者也。所以说，摩根大通兼具 JP 摩根的运营投资能力，大通曼哈顿的平民化金融能力，贝尔斯登以及华盛顿互惠银行的投行、零售、信用卡业务。

摩根大通得以开展整合供应链金融业务的关键一步，就是2005 年收购了专门做通关和物流方面的软件服务商——万域贸易咨询（Vastera），并以此在亚洲组建了一支新的物流团队，专门为国际贸易业务提供金融支持。这个跨行业的并购打破了生产厂商、物流公司、金融机构在信息系统和业务流程上各自为战的局面，为开展海陆空一体化的整合供应链金融业务奠定了技术基础。

在银行的业务体系中，现金管理和贸易融资相辅相成。由于摩根大通本来就在国际贸易中的资金清算、资金融通这些方面有很强的优势，加上后来新设立的子公司"摩根大通万域"（JP Morgan Chase Vastera）对贸易和物流方面的数据把控，跨国金融和信息金融双剑合璧，充分实现了信息在不同环节中流动，这样能为进出口企业提供一站式服务。这种服务不仅能解决贸易中出现的现金流问题，还能避免一些技术性的风险，如因为信息的缺失导致的运输延误，因为违反国际法规遭受的政府罚款等。

目前摩根大通提供的服务主要包括出口前融资、出口保险、进出口通关报关、应收账款融资、贸易信息追踪和物流优化，以及进口后融资等内容（见图 12 - 9）。其中，出口前融资，是为出口商的生产和运营提供资金保证，包括订单融资和打包贷款等多

种形式；出口保险，是保证出口商在出口的过程中，避免因进口
商的信用风险或者进口国政治风险而遭受损失；进出口通关报
关，是为企业提供符合出口国和进口国法律要求的单证和文件资
料；应收账款融资，是为供应商管理应收账款，保理贴现；贸易
信息追踪和物流优化，是对贸易流程全面追踪，并以此为客户提
供优化物流流程的咨询服务；进口后融资，是为进口商提供付款
方面的融资服务。

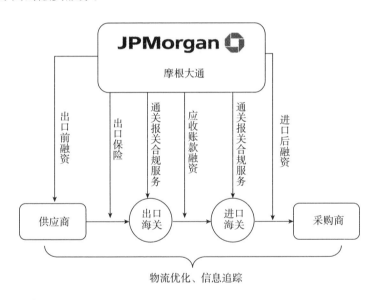

图 12-9　摩根大通的供应链金融服务体系

人工智能

国家人工智能战略行动抓手

腾讯研究院　中国信息通信研究院互联网法律研究中心

腾讯 AI Lab　腾讯开放平台　著

政府与企业人工智能推荐读本。

人工智能入门，这一本就够。

2017 年中国出版协会"精品阅读年度好书"，中国社会科学网 2017 年度好书，江苏省全民阅读领导小组 2018 年推荐好书。

　　本书由腾讯一流团队与工信部高端智库倾力创作。它从人工智能这一颠覆性技术的前世今生说起，对人工智能产业全貌、最新进展、发展趋势进行了清晰的梳理，对各国的竞争态势做了深入研究，还对人工智能给个人、企业、社会带来的机遇与挑战进行了深入分析。对于想全面了解人工智能的读者，本书提供了重要参考，是一本必备书籍。